La cuarta espada

La cuarta espada

La historia de Abimael Guzmán
y Sendero Luminoso

SANTIAGO RONCAGLIOLO

DEBATE

Papel certificado por el Forest Stewardship Council®

MIXTO
Papel | Apoyando la silvicultura responsable
FSC® C117695

Penguin Random House Grupo Editorial

Primera edición: junio de 2018
Cuarta reimpresión: marzo de 2025

Printed in Spain – Impreso en España

ISBN: 978-84-9992-891-3
Depósito legal: B-6.607-2018

Impreso en QP Print

C 9 2 8 9 1 C

A todos los personajes de este libro
por prestarme su voz.
A los 69.280 muertos
y a los que aún quedamos vivos.

El revolucionario es un hombre condenado. No se interesa por nada, no tiene sentimientos, no tiene lazos que lo unan a nada, ni siquiera tiene nombre.

En él, todo está absorbido por una pasión única y total: la revolución.

En las profundidades de su ser ha roto amarras con el orden civil, con la ley y la moralidad. Si sigue viviendo en sociedad, es solo con la idea de destruirla.

No espera misericordia alguna. Todos los días está dispuesto a morir.

J. M. COETZEE

Índice

Tercera parte

LA CÁRCEL

Agradecimientos

Este libro no habría sido posible sin las enseñanzas de Valerie Miles y Aurelio Major, editores de la revista *Granta*, quienes me mostraron las posibilidades literarias de la realidad. Juan Cruz fue una de las personas que mejor comprendió este interés y la que más me animó a ponerlo en práctica. Mi agente Silvia Bastos cumplió la importante labor de tenerme paciencia y soportar mis patadas al tablero de la literatura, esa señora tan respetable. Mi amigo de siempre, Diego Salazar, me prestó casi todos los libros del género que he leído. Gracias sinceras a todos ellos.

Introducción

La cárcel que encierra a Abimael Guzmán fue construida especialmente para él, y es la más segura del mundo. Para fugarse, Guzmán tendría que atravesar paredes de cuarenta centímetros de espesor hechas de concreto armado resistente a explosivos. Después, se enfrentaría a siete puertas metálicas custodiadas y a un muro de ocho metros rematado por alambre de púas y vigilado desde varias torres. El perímetro exterior está resguardado por un campo minado. Si consiguiese atravesarlo, aún le quedarían doscientos metros de pantanos hasta el mar. Si avanzase en la dirección contraria, se encontraría en plena Base Naval del Callao. A sus más de setenta años y con problemas de presión arterial, es poco probable que lo intente.

En el cautiverio, los entretenimientos son escasos. La celda de Guzmán mide 2 × 3 metros y consta de una cama de cemento, un lavamanos y una letrina que desagua desde afuera, a pedido del reo. Entre ocho de la mañana y ocho de la noche, el líder de la organización terrorista Sendero Luminoso puede circular por un patio de diez metros cuadrados, pero no puede encontrarse con nadie. En teoría, se le permiten visitas familiares hasta el segundo grado de parentesco, pero no tiene padres ni hijos, y sus hermanos han muerto, están fuera del país o no quieren verlo. Ni siquiera le hacen compañía los demás internos, de quienes ha sido aislado mediante una reja. Entre las esporádicas visitas de la Cruz Roja o de su abogado, el hombre más peligroso de América llena las horas y los días contemplando el cielo gris de la capital.

Guzmán declaró una guerra contra el estado peruano que duró más de diez años y se saldó con 69.280 muertos y desaparecidos. Pero aparte de eso, poco o nada se sabe de él. Fuera del Perú, ni siquiera se recuerda que hubo una guerra. Y dentro, no circula ninguna biografía de Guzmán, y tampoco hay demasiados testigos dispuestos a declarar. Quienes lo conocieron antes de la clandestinidad prefieren que no se les relacione con su figura. El resto de su vida lo ha pasado rodeado de muy pocas personas, sobre todo senderistas o policías, y la mayoría de ellos se niegan o tienen prohibido hacer declaraciones públicas al respecto. Muchos forman parte de la lista de víctimas.

Existen dos entrevistas escritas concedidas por Guzmán, pero en ninguna de las dos hay menciones a una vida privada o acaso una visión del mundo más allá de los lineamientos de Sendero Luminoso, al que Guzmán considera el único y verdadero Partido Comunista del Perú. La primera entrevista, de 1988, fue publicada por *El Diario*, un periódico senderista peruano. Se trata de una conversación de doce horas en la que Guzmán expone su proyecto y su análisis marxista-leninista-maoísta de la política nacional e internacional. En un breve epílogo, apenas hace referencias a una vida personal fuera del partido. Cerca del final de la entrevista, el periodista le pregunta si tiene amigos. Guzmán responde: «No tengo; camaradas sí, y estoy muy orgulloso de tener los camaradas que tengo».

La segunda entrevista es el registro de sus diecinueve conversaciones con la Comisión de la Verdad, encargada de reconstruir sus actividades y las del ejército y la policía peruanos. Se puede solicitar acceso a esos archivos solo con fines de investigación. Las grabaciones son casi inaudibles, y las transcripciones han sido hechas sobre ese audio y están llenas de vacíos. Pero hasta donde se entiende, Guzmán limita su relato a su historia política, como siempre, y remite a sus interrogadores a los documentos de su organización. Un periodista que participó en esas conversaciones recuerda que en algún momento trató de profundizar en la infancia de Guzmán, pero él respondió: «No tenía inquietudes políticas en esa época», y dio el tema por cerrado.

Si uno pregunta por las calles de Lima, la gente responde sin dudar que Guzmán es «un monstruo», «un psicópata», «un asesino sin escrúpulos». Más allá de esos adjetivos, la pregunta más simple parece la más difícil de responder: ¿quién es este hombre?

Primera parte

La escuela del terror

1

El pequeño comunista

El primer recuerdo que guardo de mi país es la imagen de varios perros callejeros muertos colgados de los postes del centro de Lima. Algunos habían sido ahorcados ahí mismo, en los postes, pero la mayoría había muerto antes. Un par de ellos estaban abiertos en canal. Otros tenían el pelaje pintado de negro. Al principio, la policía temió que sus cuerpos ocultasen bombas, pero no era el caso. Solo llevaban encima carteles con una leyenda incomprensible y siniestra: «Deng Xiaoping, hijo de perra».

Por entonces, yo vivía en México, donde mi familia cumplía asilo político. En casa siempre se leían noticias sobre el Perú. Otros exiliados le llevaron a papá una revista con la foto de un policía descolgando a uno de los perros. Detrás de él, la calle parecía un lugar sucio, tétrico. El blanco y negro de la imagen parecía el color de la ciudad. Yo tenía cinco años y ese, por lo que sabía, era mi país.

La imagen —y los posteriores hechos de sangre— fue materia de largos conciliábulos en casa. Los amigos de mis padres se preguntaban si al fin había llegado el turno revolucionario del Perú. Para ellos, la revolución latinoamericana era un hecho inminente, tan inevitable como un huracán del Caribe. No se preguntaban si llegaría alguna vez, sino cuándo lo haría y en qué orden de países iría triunfando. En mi casa, en largas sesiones humeantes de tabaco, hombres barbudos y con lentes de carey debatían, conspiraban o se escondían.

Los revolucionarios colaboraban sin reconocer fronteras nacionales. Nos visitaban socialistas chilenos, montoneros argentinos, tupamaros uruguayos, comunistas cubanos. Pero la foto de los perros los desconcertó a todos por igual. Nadie conocía a estos advenedizos del Perú. Nadie sabía de dónde había salido esta gente que no repetía los eslóganes habituales contra el imperialismo yanqui. Nadie entendía por qué hablaban de Deng Xiaoping.

Mientras ellos cambiaban el mundo, sus hijos jugábamos en mi cuarto. Debíamos formar una pandilla bastante extraña, menores de cinco años con camisetas del Frente Sandinista de Liberación Nacional y calendarios del Che Guevara. Todos figurábamos en nuestros documentos como «asilados políticos». Yo mismo tuve dificultades para entrar en un colegio. El día de la entrevista, llevaba una camisa con la cara de Sadam estampada en el pecho. Y cuando el director me preguntó:

—¿A qué te gusta jugar?

Yo respondí:

—A la guerra popular.

No era la respuesta ganadora.

En ese mundo ajeno crecí un tiempo más, oyendo con creciente frecuencia el nombre de Sendero Luminoso. En esos años, en casa, nadie terminaba de entender qué ocurría. Algunos barbudos peruanos se preguntaban si, después de tanto hablar de la revolución, se habían quedado al margen de ella, varados en México, a la deriva de la Historia. Finalmente, se declaró una amnistía y regresamos al Perú. Mis papás estaban felices de volver. Pero yo me acordaba de los perros de Deng Xiaoping, y no me parecía una buena idea.

Veinticinco años después, regreso a Lima para escribir un reportaje sobre el hombre que mandó decorar tan siniestramente la ciudad: Abimael Guzmán. Mientras mi avión aterriza en la capital, regreso a sus calles y a su tráfico y a mi familia. Y también los perros regresan a mi memoria. Y la imagen de María Elena Moyano, asesinada y dinamitada, y las fosas comunes, y la bomba de Tarata que remeció las ventanas de mi casa. Me empiezo a preguntar si realmente quiero hacer esto.

¿Por qué un reportaje sobre Guzmán? Porque vende. O porque yo creo que vende. O porque es lo único que puedo vender. Siempre he sido un mercenario de las palabras. Escribir es lo único que sé hacer y trato de amortizarlo. Ahora vivo en España y trato de hacerme un lugar como periodista. Necesito algo novedoso, y el tema de actualidad en el último año, tras el 11-M, es el terrorismo.

Para mi encuentro con el editor de *El País* Antonio Caño, preparé una batería interminable de argumentos sobre lo necesario y vendedor que podía ser un reportaje sobre Abimael Guzmán: un vistazo al terror desde una perspectiva nueva, un tema violento y poco visto en la prensa, una encarnación del mal. Pero en realidad no era una idea brillante; era solo mi única opción. Y él lo sabía:

—¿Has pensado qué te gustaría escribir?

—Pensé en una historia de Abimael Guzmán. Quizá una entrevista, si se puede.

—¿En serio? Entonces ya está. Eso es lo que yo iba a proponerte. Pero tiene que ser rápido.

Antonio es un hombre práctico.

Un mes después, aterrizo en mi ciudad con la sensación de que me he metido en un lío. Para empezar, no sé nada realmente. He tratado de comunicarme por Internet con algunos órganos senderistas de proselitismo en el exterior: el Comité de Apoyo a la Revolución Peruana no respondió a mis emails ni a mis llamadas. Sol Rojo, tampoco. Algo más amable fue el vocero oficioso de Sendero Luminoso en Bélgica, Luis Arce Borja, autor de la única entrevista periodística que existe con Guzmán. Él me escribió:

> Estimado amigo:
>
> Le felicito por la obra que ha puesto en marcha. No solo se conoce poco de Guzmán, sino también del mismo proceso social que vivió el Perú desde 1980 hasta cerca del 2000. Bueno, en cuanto a que yo puedo ayudarle, no creo que sea la persona más adecuada para ello. El que me haya reunido con él para entrevistarlo, no me da mayores conocimientos que aquellos analistas que han seguido de cerca el problema del PCP y la lucha armada en nuestro país. Además, como ahora estoy convencido que Guzmán ha sido el autor (junto con Montesinos) de las cartas de paz de 1993, mi opinión sobre él ha cambiado completamente. En concreto creo que su acción desde la prisión ha sido una traición y capitulación.

Arce Borja tituló su conversación con Guzmán la «Entrevista del siglo». El texto se encuentra en la página web Bandera Roja. Lejos de contener detalles concretos —es decir, morbosos—, es una dura exposición teórica sobre el Partido Comunista del Perú en el curso histórico universal trazado por Marx. No es una joya de estilo literario, tampoco. Está escrita en términos tan cerradamente ideológicos que me resultan tediosos e incomprensibles.

No encuentro confesiones de criminalidad, algo de sangre, una buena historia.

Los primeros días en Lima no resultan mucho más prometedores. Mi pobre amiga Paola Ugaz, una periodista que estudió conmigo en la universidad, lleva un mes tratando de prepararme el terreno con algunos contactos. Y no ha podido conseguir nada. Las instituciones públicas la pierden en sus oficinas de prensa y sus trámites, y los senderistas desconfían de los periodistas. Lo peor es que nadie le da una respuesta concreta, una fecha para una entrevista, nadie dice ni sí ni no. Durante todo el mes la he estado presionando para que me dé algo más sólido. En su último email, me ha respondido: «Eres un negrero».

Tiene razón en que pido demasiado. Ningún periodista ha podido entrevistar a Guzmán nunca. Ricardo Uceda pidió una entrevista que Guzmán llegó a aceptar por escrito, pero las autoridades nunca autorizaron el encuentro. Un corresponsal de *El País*, Francesc Relea, se sumó a la demanda de Uceda, sin obtener resultados. Oficiosamente, el abogado de Guzmán acepta la entrevista y me pide una copia de la carta de solicitud. Pero eso no significa nada. La jurisdicción sobre el penal de la Base Naval es difusa, porque se trata de una cárcel que a la vez es un cuartel militar, de modo que ni civiles ni militares son enteramente dueños de ella, y nadie se siente obligado a responder las solicitudes. El abogado de Guzmán colecciona decenas de cartas como la mía. Son solo papeles.

El director del Instituto Nacional Penitenciario, Wilfredo Pedraza, me explica las razones del silencio:

—Diga lo que diga Guzmán, la prensa de oposición lo usará contra el gobierno para decir que le damos tribuna al mayor asesino de nuestra historia.

—Pero alguna vez tendría que hablar —respondo—. El público necesita tener su versión.

—Ya. Quizá. Pero... —Se encoge de hombros.

—¿Y la novia, Elena Iparraguirre? ¿Qué tal una entrevista con ella?

—Está aislada también. Si quieres no te la niego ahora mismo, pero se lo preguntaré al ministro y él me dirá que no.

Ahora estoy claramente desesperado.

—Alguien más de la cúpula de Sendero, alguien que lo haya conocido. Osmán Morote o María Pantoja...

Pedraza suspira. Definitivamente, ya está harto de mí.

—Veré a Morote el miércoles —dice resignado—. Llámame a las diez de la noche.

Ese miércoles lo llamo a las diez, a las once, a las once y media, a las doce y cuarto, a la una y diez de la mañana, a las dos. Pedraza responde el teléfono a las tres menos veinte.

—Morote dice que solo hablará si lo aprueban las presas de Chorrillos.

Chorrillos es otra prisión, solo para mujeres. Morote está en Piedras Gordas. Ambas cárceles tienen visitas los fines de semana. Para conseguir la entrevista con Morote tendría que ir a Chorrillos, pedir permiso, volver la siguiente semana a ver si lo han debatido y, si es así, esperar hasta la siguiente semana para visitar Piedras Gordas. Pero también tengo que viajar fuera de Lima, y ya no me quedan más domingos en el Perú.

El abogado de Guzmán me sugiere que denuncie al estado por obstrucción a la libertad de expresión y a mi derecho al trabajo. Me pide una copia de la denuncia. Pero no hay nada que demandar porque no hay a quién hacerlo. Simplemente, el estado no ha respondido nunca nada al respecto. Y oficialmente, a mí tampoco.

Cuando uno viaja a cubrir un evento, una guerra, una conferencia, las cosas son más fáciles. Los voceros dan declaraciones, emiten comunicados, llaman a la prensa, y siempre sabes qué hacer, sobre todo porque hay muchos a tu alrededor haciendo lo mismo y yendo a los mismos lugares. Pero en casos como éste, tras una semana sin un maldito testigo ni vínculo con un hombre que vive y duerme a menos de veinte kilómetros, uno llega a casa por la noche, toma una ducha, se sienta en la cama, hunde la cara entre las manos y se pregunta: «¿Y ahora qué carajo hago?».

Trato de establecer un plan de acción. Necesito ordenarme. Recuerdo algo que me sugirió el periodista inglés Justin Webster hace unos días, cuando le comenté mi proyecto: «Trata de averiguar la niñez de Guzmán. La gente suele cambiar muy poco a partir de los siete años. Sus rasgos esenciales de personalidad son los mismos durante toda su vida».

Desde mi llegada, he estado tratando de contactar con los hermanos de Abimael Guzmán. He confeccionado una lista con sus nombres. Uno murió hace dos años. Otra vive en Estados Unidos. Otra me resulta inubicable. El último, un profesor de ingeniería, no quiere hablar de él. Recientemente, por error, este profesor apareció en una lista de cursos de su universidad con el nombre de Abimael. No se sabe quién cometió la cruel errata, pero según una colega suya, a él le dolió. Sufre mucho con este tema y solo quiere olvidarlo. Nunca ha visitado a su hermano en la cárcel.

Solo me queda la hermana que vive en Estados Unidos, Susana. Un artículo en el archivo de la revista *Caretas* informa que Susana fue detenida por la policía en 1988 mientras cambiaba dólares en una calle del centro. La policía presumía que era dinero para Sendero, pero nada vinculaba a Susana con el grupo de su hermano. Pasó unos días en investigación y la soltaron. Ya por entonces vivía en Estados Unidos.

Otra noticia, esta del diario *El Comercio*, habla de una novela de Susana Guzmán aparecida hace un par de años en España. Hablando con escritores y periodistas culturales, averiguo que Susana Guzmán es esposa de un profesor del Dartmouth College. En la página web de Dartmouth hay un teléfono, pero nadie responde. También está el email de la coordinadora del departamento. Le escribo a ella, que le reenvía mi correo al esposo, que me escribe a mí, y así, tras otra semana, consigo el email de Susana Guzmán.

Al fin alguien, una persona que pueda hablarme.

Pero cuando le pido una entrevista y le envío un cuestionario, me contesta lo siguiente:

> Estimado Santiago:
>
> Todas las respuestas a las preguntas que usted me ha hecho sobre mi hermano están en la parte no ficcional —la de «Manuel Galván»— de mi novela *En mi noche sin fortuna*. Los nombres de algunas personas vinculadas a esa parte han sido cambiados, pues aún viven, y yo no tengo derecho a revelar más.
>
> Las preguntas que corresponden a mi vida privada, o a asuntos que desconozco de la actividad académica o política de AG, obviamente no puedo responder.

Pienso que consultando mi libro y sumando ese testimonio a lo expresado por otras personas, usted puede hacer una reconstrucción interesante.

Mi detención, de la que *Caretas* informó en su momento, es cierta, y posiblemente se debió a la paranoia que vivía el aparato policial de ese tiempo. Me reservo el derecho de escribir sobre ese asunto.

Le deseo la mejor suerte,

GLADYS SUSANA GUZMÁN

Así que estaba escrito. Una novela real sobre un hombre llamado «Manuel Galván». Era bastante clara, a fin de cuentas.

La novela *En mi noche sin fortuna* narra la historia de un intelectual proveniente de la vieja burguesía rural y sus conflictos de identidad y pareja. Él trata de explicarle el Perú a una española, y descubre que él mismo no lo entiende, y no se entiende a sí mismo. El estilo es cultivado. Salta constantemente en el tiempo o la perspectiva, y está lleno de referencias literarias, de Flaubert a Nietzsche, de Stefan Zweig a Bordeaux. Hasta la página 136 no encuentro nada que me sirva para mi investigación.

Pero a partir de entonces, toma la voz Antonia, la supuesta empleada doméstica de un guerrillero en su casa de infancia arequipeña. Incluso el estilo narrativo cambia completamente en esta parte. Las reflexiones a menudo densas dejan paso a un torrente narrativo limpio y natural, con el pulso y la precisión que tenemos cuando contamos lo que hemos visto con nuestros ojos. El recurso a la voz de la empleada doméstica también es una manera de librar su historia de opiniones personales. Solo va a narrar, sin juicios ni valoraciones. Antonia —o Susana— es enfática en aclarar: «De política, en verdad, no sé nada, soy una ignorante». La historia que voy a contar surge de esta parte «no ficcional», y ha sido contrastada con un perfil de Guzmán que Nicholas Shakespeare publicó en la revista *Granta* en 1988. También tuve acceso, más adelante, a una breve historia de Guzmán escrita con fines de Inteligencia para la Marina de Guerra del Perú. Pero ésos son solo hitos, números, lugares. Lo esencial lo cuenta Susana.

Abimael Guzmán Reinoso nació el 3 de diciembre de 1934 en Mollendo, Arequipa. Como sus padres no estaban casados, fue registrado como «hijo natural» de Abimael y Berenice. Pero Berenice se mudó a dos calles del hogar paterno, a una casita de madera amarilla con dos habitaciones que el señor Abimael visitaba por las noches.

Todas las fuentes dicen que Berenice murió cuando su hijo tenía unos diez años. Pero Susana dice que no murió: lo abandonó. Y el niño tenía ocho. Según Susana, «Berenice no era mala, sino una mujer muy sufrida que había querido asegurarse en la vida». Para una mujer en la Arequipa de esos años, «asegurarse en la vida» significaba tener un hijo de un hombre rico para exigirle matrimonio. Berenice no fue la única que le otorgó descendencia al señor Abimael. Pero él, aunque accedía a colaborar con los gastos de los niños, tuvo para todas las madres la misma respuesta: «Yo no tengo la culpa de que las mujeres se hagan proyectos conmigo, deberían consultarme antes».

Al final, Berenice encontró a otro con quien casarse, un hombre que vivía en Puno, a cuatro mil metros sobre el nivel del mar. Berenice pensó que su hijo no resistiría la altura. O quizá que ella no resistiría a su hijo. Y decidió mudarse sin él. Abimael fue entregado a un tío que vivía en el Callao, quien lo recibió con las siguientes palabras: «Ojalá, pues, que tu madre encuentre por fin la felicidad». Eso es casi lo último que el niño supo de ella. Durante los siguientes tres años recibió dos cartas. Luego, nada.

En cambio, el niño siguió en contacto con su padre. El señor Guzmán le enviaba dinero para sus gastos, que eran pocos, porque Abimael estudiaba en un colegio público y vivía en un barrio barato. Sus cartas de esa época eran recuentos financieros dignos de un contable: «se ha gastado tanto en esto, tanto en lo otro», «me debe usted doce soles». El pequeño nunca estaba contento ni se quejaba. Nunca hacía ninguna mención a sus sentimientos ni hablaba de su vida o su colegio. Nadie se lo preguntaba tampoco.

Hasta que una profesora le enseñó a escribir cartas «de estilo», con las fórmulas elegantes y apropiadas para solicitar las cosas por escrito. El mismo día en que aprendió a redactarlas, le escribió una a su familia de Arequipa. La carta llevaba por título «Una misiva de esperanza» y estaba dirigida «a don Guzmán, mi padre».

Cuando la carta llegó a su destino, don Guzmán no estaba en la ciudad. Abrió el sobre su esposa legítima, Laura Jorquera Gómez de Guzmán. Así se enteró ella de los gastos de Abimael, de sus notas escolares, pero también de muchas otras cosas. Abimael, por primera vez, hablaba de su soledad mezclando el lenguaje de un niño de diez años con almibaradas formas de estilo. Contaba que su tío se llevaba a sus hijos de paseo y lo dejaba a él cuidando la casa, que no sentía que tuviera una familia, que lavaba los platos aunque apenas llegaba al fregadero. Terminaba: «Ojalá encuentre usted un destino mejor para su hijo Abimael de El Callao. Y firmo». Seguía una rúbrica barroca, llena de bucles y arabescos.

Al leer eso, doña Laura quedó consternada. Era una chilena tradicional, de clase alta, «acostumbrada ancestralmente a guardar silencio». Las infidelidades de su esposo debían lastimarla sin ruido. Pero era una católica. Tenía caridad. O quizá se sintió culpable. Ordenó a su esposo que llevase a su hijo a Arequipa, a vivir con su familia como correspondía.

Su hermanastra Susana recién conoció a Abimael entonces, en la Navidad de 1945, y lo recuerda un poco flaco, de ojos oscuros, pelo ligeramente ondulado. Era muy tímido, y disfrazaba sus emociones con unos modales serios y formales: «Era un niño huraño y que ocultaba siempre sus sentimientos. Como si pensara que la familia iría a decepcionarlo, o como si fuera un estorbo que la gente habría de hacer a un lado. No era una personita, sino una sombra que se arrinconaba con ganas de desaparecer». Esa Navidad, al recibirlo, su madrastra le regaló un telescopio y un abrazo.

Susana recuerda otro rasgo de su personalidad, uno que lo acompañaría toda la vida. Abimael no llora: «Ya había aprendido a resistir; a ser, lo que se dice, un hombrecito. Tal vez lloraría por las noches, con la cara enterrada en su almohada; pero quién sabe».

A partir de entonces, doña Laura apadrinó a todos los hijos de su esposo. Leía sus cartas, las clasificaba en paquetes individuales y las guardaba. Y sobre todo, les abría las puertas de su señorial casa en el 307 de la calle Ejercicios. Un hermanastro que llegó después dice: «Llegué a contar diez hermanos míos de distintas madres. Pero nuestra mamá política Laura era muy generosa. Estaba dispuesta a acogernos en su hogar a todos. Si nuestras madres lo permitían, nos quedábamos a vivir con papá y la señora Laura».

No todos los hijos legítimos estaban de acuerdo con esa actitud. Uno de ellos, el mayor, trataba a los recién llegados como a sirvientes. Recriminaba a Laura «haber recogido a tanto indio», y los obligaba a cargarle las maletas cuando viajaba. «Siquiera sirven para cargar», decía. Según Susana, este hermano odiaba a su padre y seguramente a todos. Después se fue a Estados Unidos, y nunca volvieron a saber de él. «Debe ser un perro», dice ella.

No obstante, en general, la convivencia era pacífica. Los hermanastros no se llevaban mal entre sí, y Laura llenó el vacío materno en la vida de Abimael. Según el hermanastro, «la señora Jorquera nunca hizo diferencia alguna entre sus propios hijos y los demás. A su vez, Abimael la quería a ella, incluso más que a su padre, quien era un comerciante algo simplón».

Abimael Guzmán padre era un conservador en toda regla: administrador de fincas rurales, dueño de una casa de playa en Mollendo, tradicionalista y aristocrático, con dificultades para expresar emociones y un marcado apetito por las mujeres de menor rango social. Había estudiado contabilidad por correspondencia en un instituto inglés. Lógicamente, inscribió a su hijo en el colegio privado La Salle, que impartía una severa disciplina religiosa. Abimael, el primer hijo ilegítimo que se permitía en ese colegio, asistía a misa los domingos en traje de casimir y corbata, y tenía la obligación de comulgar y confesarse una vez al mes.

Susana recuerda las primeras impresiones de Abimael en La Salle: «Me dijo que no sabía cómo comportarse, que sus compañeros eran menos ruidosos pero más crueles que en la escuelita de El Callao. Ahí la solidaridad de los pobres no llegaba».

Abimael ya no era pobre, pero eso no bastaba en la rígida aristocracia provinciana. Sus compañeros de clase lo ridiculizaban por ser hijo natural, y su propia abuela, la madre del señor Guzmán, disfrutaba sádicamente preguntándole: «¿Y qué sabes de tu mamá?».

Los libros son una buena patria para los que no son de ninguna parte. Abimael leía. Jugaba a las escondidas y se quedaba leyendo en su escondite. Según su hermana, no era deliberadamente estudioso, al contrario: «Decidió estudiar poco para no sobresalir y no llamar la atención, pero aun así sacaba premios».

El apacible Abimael solía estar siempre en los primeros puestos del cuadro de honor, y sacaba las mejores calificaciones en conducta e higiene. Destacaba en lenguaje, historia del Perú, lógica y ética. Era introvertido y retraído, aunque mostró talento organizando un grupo de estudios en 1952. En suma, como dice un viejo amigo, «era incapaz de una travesura, era el sueño de un cura o una madre».

Lo violento en esos años no era Abimael Guzmán, sino el Perú. En junio de 1950, durante la dictadura del general Odría, los estudiantes del colegio de la Independencia acusaron a su director de malversar fondos y tomaron el local en protesta. En una desmesurada exhibición de fuerza, el prefecto de Arequipa ordenó un ataque militar con tanquetas. Los estudiantes respondieron arrojando ladrillos. Hubo disparos.

Un joven comunista resultó herido en la refriega, y sus compañeros lo llevaron a la plaza de Armas, tomaron la catedral y tocaron las campanas. Arequipa era una ciudad muy pequeña, así que la población asistió a la plaza e improvisó un mitin. Lo que había empezado como un acto estudiantil se convirtió en una insurrección.

Los manifestantes ocuparon el casino militar, tiraron el piano del segundo piso e incendiaron el local. Luego se apertrecharon en la plaza y se proclamaron independientes de la dictadura, eligiendo una junta de gobierno transitorio *in situ*. Durante el siguiente día y medio, asaltaron el cuartel Salaverry y consiguieron más armas. La ciudad estaba tomada. Había barricadas en la universidad, en la calle Mercaderes, en los portales de la plaza. El prefecto tuvo que huir de la ciudad escondido en un ataúd.

En respuesta, el gobierno militar desplazó unidades militares desde Tacna, Puno, Cusco y Lima. Las tropas sitiaron la ciudad y entraron desde los cuatro puntos cardinales hacia el centro. Al verse rodeados, los insurrectos decidieron rendirse y enviaron una comisión negociadora. Cuando cruzaban la plaza, los miembros de la comisión fueron abaleados por el ejército. En la confusión posterior, cayeron presos o muertos muchos de los participantes. Algunos lograron huir, como Jorge del Prado, futuro secretario general del Partido Comunista.

Seis años después, una nueva rebelión en la ciudad pidió, ya no la cabeza de Odría, sino solo la dimisión del odiado ministro de Gobierno y Policía de la dictadura, Esparza Zañartu. Hubo un enfrentamiento con bombas lacrimógenas que derivó en batalla campal en pleno centro de la ciudad. Para evitar un nuevo baño de sangre, Odría accedió a destituir a su ministro.

El adolescente Abimael fue testigo de ambos levantamientos desde su casa, a tres calles de la plaza de Armas. Ya desde sus años en El Callao, era un ávido lector de periódicos. Había seguido con atención la Segunda Guerra Mundial y, más adelante, había quedado muy impresionado por una película soviética sobre un congreso de las juventudes comunistas. Pero esta vez percibió que la violencia podía ser una herramienta eficaz para conseguir metas. En sus dos únicas entrevistas, Guzmán data ahí el inicio de su interés por la política.

Todos los hijos de Laura Jorquera eran gente con inquietudes. Les gustaba la reflexión y la discusión. Todos leían y jugaban al ajedrez. Todos, incluido el hijastro Abimael, se dedicarían a la docencia universitaria con el tiempo. Otro de sus hermanastros sería líder sindical. Sin embargo, en los años cincuenta, cuando sus pasatiempos eran más ligeros, Abimael ya mostraba propensión a ser el intelectual de la familia.

Por ejemplo, solían ir juntos a ver películas de Hollywood con Rock Hudson y Esther Williams. Pero, según su hermana, «Abimael decía que esas películas eran mediocres. Él iba solo para criticar». A menudo, sus hermanas le pedían que bailase con ellas mambos y boleros en la radio La Voz de América. Él aceptaba por pura educación y lo hacía terriblemente mal. Terminaba siempre admitiendo que no servía para eso. La señora Laura, como él seguía llamando a su madrastra, trató de enseñarle a bailar tango, y él aceptó solo para no contrariarla, pero tampoco logró gran cosa. Prefería el ajedrez.

En 1953, Abimael ingresó con el segundo puesto en la Universidad de San Agustín de Arequipa, que aún estaba en estado de alerta por la insurrección. El rector había ordenado una purga de profesores marxistas y depurado la biblioteca. De todos modos, los libros continuaban circulando clandestinamente. Cincuenta años después, desde la prisión, Guzmán lamenta que en su alma máter «no había profesores marxistas que me pudieran formar... ni libros que leer, pero había alumnos, algunos alumnos tenían sus ideas y obviamente las comentaban... así fui conociendo algunas ideas y leyendo algunos libros, así comencé a leer».

Sin embargo, nadie lo recuerda metido en política en esos años. Sobre esta etapa de su vida hay más testimonios disponibles, y todos concuerdan en su carácter tranquilo y su afición por el pensamiento abstracto. Por ejemplo, su maestro más querido, Miguel Ángel Rodríguez Rivas, nunca lo imaginó como un líder. Según declaró en 1982 a la revista *Caretas*, «Abimael no era un organizador y menos un agitador. Solo un teórico del más alto nivel».

La memoria de sus compañeros arequipeños asocia a Guzmán más con la fiesta y la cultura que con el marxismo. En una entrevista inédita con el periodista Gustavo Gorriti, el poeta Aníbal Portocarrero cuenta que Guzmán y él formaban parte del grupo cultural Hombre y Mundo, y que a menudo bebían hasta la una de la mañana, algo que en la provincia de mediados de siglo resultaba de una bohemia inaudita.

Según su testimonio, Abimael hablaba mucho de Georg Trakl, un poeta expresionista austriaco cuyos temas predominantes eran la muerte, el dolor y la corrupción. En el debate intelectual entre poetas «puros» y «comprometidos», prefería claramente a los segundos, y era un amante del realismo social. Portocarrero recuerda incluso a un tímido Abimael narrador, que un día le dio a leer sus cuentos, a condición de que se los devolviese al día siguiente sin falta. Portocarrero leyó algunos, pero «no valían mucho».

El propio Guzmán se ha referido a sus gustos literarios en la entrevista de 1988, aunque ya entonces se declara incapaz de separarlos de la política: «Me gusta leer a Shakespeare, sí, y estudiarlo; estudiándolo se encuentran problemas políticos, bien claras lecciones en *Julio César*, por ejemplo, en *Macbeth*. Me gusta la literatura, pero siempre me gana la política y me lleva a buscar el sentido político, tras todo gran artista hay un político, un hombre de su tiempo que contiende en la lucha de clases...».

Todo lo que leía tenía inevitablemente una lectura ideológica: «Una vez leí una pequeña obra de Thomas Mann sobre Moisés y luego la utilizamos para la interpretación política de la lucha que teníamos entonces. La obra dice: "Se puede quebrantar la ley, pero no negarla". ¿Cómo interpreté?, así: "Quebrantar la ley es chocar con el marxismo, desviarse, tener ideas erróneas, eso es permisible, pero no se puede consentir negar el marxismo"».

Ese grado de obsesión por la política apenas asomaba en el estudiante de la Universidad de San Agustín. El carácter de Guzmán seguía siendo el de un intelectual educado e impasible. Para su maestro Rodríguez Rivas, «no tenía el humor inglés ni la ternura rusa, solo un sólido cerebro alemán». Y una gran formalidad. A pesar de lo cercano de su relación, Abimael y Rodríguez Rivas nunca se tutearon. Abimael siempre guardó la cortesía del alumno.

Quizá su falta de activismo político se debía a que no tenía partido en qué ejercerlo. Según dijo a la Comisión de la Verdad, en esos años trató de entrar en el Partido Comunista, pero lo rechazaron por no ser hijo de obrero.

Pero hay otra explicación para que el estudiante se volviese dirigente, una menos teñida de materialismo histórico y más humana: el amor, como siempre, el amor.

Según su hermana, Abimael se inició en el sexo con una viuda joven y buena moza amiga de la familia. «En ese tiempo, era natural que los jóvenes fueran enseñados por mujeres mayores, que eran bastante apreciadas. Ahora, los jóvenes solo buscan a muchachas.»

La relación de Abimael con la viuda duró varios meses, sazonados con esporádicas visitas al burdel La Flor de Lima. La señora Laura no soportaba sus visitas a la casa de citas. Decía que sus hijos jamás pisarían un lupanar. Y parece que así era, que Abimael solo iba al burdel con sus hermanos ilegítimos.

Paralelamente, el joven descubrió una nueva utilidad de su viejo telescopio: espiar a la vecina, una chica que vivía en un segundo piso del centro, dentro de su ángulo de visión. Parece que ella se dio cuenta, porque se pasaba horas arreglando su cuarto y cambiándose de ropa antes de irse a dormir. Pronto, tuvieron un encuentro casual. Él empezó a cortejarla abiertamente. Y la chica le correspondió. Durante más de un año y medio, Abimael no volvió a encontrarse con la viuda, ni se le volvió a ver por el burdel. Tenía una novia, y estaba muy enganchado con ella.

No eran los tiempos adecuados. Las diferencias sociales volvieron a aguarle la fiesta. La chica era guapa pero no tenía dinero. Sus padres eran profesores escolares. Y ella era hija única. Su padre quería un mejor partido para ella. Sospechaba que, como hijo natural, Abimael no heredaría nada del señor Guzmán. Así que le prohibió a su hija verlo. Sencillamente, la encerró. Todos creyeron que se había ido a Lima o la habían enclaustrado en un convento, pero ella estaba en su casa. Todo el día. Todos los días. Durante seis meses.

Abimael solo volvió a verla en la boda de una prima suya. La había echado de menos. Bailó con ella bajo la mirada insoslayable de su padre. Le habló al oído. Se rieron. Parecían una pareja de nuevo. Hasta que algo ocurrió. Susana, que estaba viéndolos, lo recuerda: «No sé exactamente qué pasó, porque ella dejó de bailar, dejó de mover los pies en medio de una pieza, y él tuvo que dejarla a un lado de la sala, con cortesía. Nadie se dio cuenta, pero yo lo vi a él triste, muy triste. Primero se fue al segundo patio de la casa, donde permaneció largo rato callado, como mirando las estrellas. Después empezó a beber fuerte... Cuando se acabó la fiesta, se fue a su cuarto, se vio en el espejo y lanzó una patada que destrozó el cristal».

Según Susana, «esa chica fue la que decidió en realidad la historia actual del Perú». Hasta entonces, Abimael aún era más o menos católico y quería casarse y dedicarse al derecho. Pero sin ella, «tuvo más tiempo para pensar en los demás, y en lo que él llamaba las injusticias de la vida. Perdió interés en sí mismo, en su propia seguridad y bienestar... Tiempo después, la chica se casó y se fue a Lima. Abimael me dijo que no tuviera pena, que todo había sido para bien, que un hombre nuevo comenzaba a vivir en él».

A partir de entonces, las prioridades de Abimael empezaron a cambiar: se intensificaron sus discusiones filosóficas con sus hermanos y declinó su interés por el mundo material. Hacía prácticas en uno de los mejores despachos legales de Arequipa, pero fue abandonándolo. Ayudaba a su padre con la contabilidad, pero aprendió a expresar su rechazo a la autoridad paterna. Un día, se equivocó en unas cuentas y su padre le dio un coscorrón en la cabeza. Abimael se llevó las manos a la cabeza y la agachó conteniendo la rabia. Luego levantó la mirada sin moverse y dijo:

«Nunca, pero nunca, vuelvas a hacer eso».

Un episodio arequipeño con su maestro Rodríguez Rivas muestra dónde tenía la cabeza. Ocurrió tras el terremoto de 1958, cuando el maestro lo reclutó para realizar un inventario de daños. Guzmán, quizá por primera vez, recorrió las barriadas de su ciudad y quedó horrorizado por la miseria. Una tarde, fue a hacer el informe de una casa cerca del puente Bolognesi. Sus habitantes vivían a la intemperie, en las peores condiciones, sin ayuda de las autoridades y sin trabajo. Guzmán comentó: «Solo el pueblo organizado puede hacer algo al respecto. Es necesario organizar al pueblo».

Su primera experiencia clandestina data de esa época. Y tiene que ver con libros. Una mañana, llegó a su casa con varios peones y se llevaron en cajas la mitad de su biblioteca personal. Por la tarde, unos agentes de Inteligencia llegaron a revisar la casa.

La política también empezó a colarse en lo que él escribía. La introducción de su tesis de derecho de 1961, «El estado democrático burgués», profetiza la caída del sistema en términos elegiacos: «Nuevos vientos se levantan y enardecen el alma insobornable de los pueblos; la humanidad a ojos vistas se estremece y alumbra nueva sociedad en su inextinguible e imbatible marcha ascensional hacia mejores tiempos».

Para graduarse en las mismas dos carreras que Marx, Abimael Guzmán sustentó una tesis de filosofía a la vez que en derecho.

«La teoría kantiana del espacio», sin embargo, no era un estudio político sino metafísico y matemático. El maestro Rodríguez Rivas, a quien Guzmán dedicó la tesis, ha afirmado que por entonces Arequipa vivía un florecimiento intelectual inédito, y Guzmán era uno de sus alumnos más brillantes. Según el maestro, la sustentación ante el jurado fue un debate filosófico de cinco horas ante unos cien alumnos.

No obstante, el joven profesor ni siquiera tenía un puesto seguro en su facultad. El año de su graduación, su mentor Rodríguez Rivas fue derrotado en una disputa interna y abandonó Arequipa. Guzmán, recién graduado, quedó fuera de juego en la universidad, sin ningún interés por ejercer el derecho y con pocas posibilidades de conseguir lo que quería, un puesto docente. Una vez más, Guzmán era un hombre de ninguna parte, sin ninguna mujer, sin ningún lugar.

Hay un informante más que debo mencionar. Lo he citado, pero no lo he identificado. Es uno de los hermanastros Guzmán, que llegó a la casa de su padre poco más tarde queAbimael.

Días después de leer el libro de Susana, el hermanastro me recibe en su pequeño despacho legal de Arequipa con un disco de Beethoven. Se alegra de saber por mí algo de su hermana. No la ha visto en más de veinte años. Me explica: «Abimael y Susana son intelectuales, profesores, como todos sus hermanos. Yo soy el bruto de la familia, yo solo llegué a abogado».

La historia que acabo de contar surge del contraste entre las versiones de ambos hermanos, que coinciden notablemente en todos los detalles. Pero la ventaja de éste es que puedo conversar con él personalmente. Es un hombre amable, además. Le pregunto por la detención de su hermana en 1988. Él se ríe: «Sí, la detuvieron por sospechosa. Pero los policías estaban muertos de miedo. La tuvieron tres días y siempre le decían: "No se preocupe, señora, esto va a ser rápido", y la trataban como a una reina, para no despertar la cólera de Abimael».

El hermanastro me cuenta que nunca se ha atrevido a visitar a su hermano en la cárcel. Pero ahora se va a atrever. Me dice que hasta está defendiendo a algunos senderistas, que ya no tiene miedo. Es el único que expresa sin reservas su admiración por él:

—Abimael dejó la posibilidad de una vida cómoda, de un puesto respetable en la universidad, para dirigir una epopeya.

—¿Y usted está de acuerdo con su hermano? —le pregunto—. Quiero decir... ¿en todo?

—¿Usted ha visto cómo vive el campesinado? —me dice pausadamente, con provinciana lentitud—. Sin agua, sin luz eléctrica, ni colegios, ni hospitales. ¿Usted no está de acuerdo con que haya justicia social en este país?

—No estoy de acuerdo con el uso indiscriminado de la violencia para conseguirla.

—Ah, no está de acuerdo con los medios. ¿Y qué les sugiere a los campesinos? ¿Que la pidan por favor?

—Si la revolución realmente fuese a mejorar la vida de los campesinos, lo comprendería. Pero mire la historia: los regímenes comunistas han fracasado en todo el mundo. Piense en Rusia o Corea del Norte.

—Joven, yo no he estado en Rusia ni en Corea del Norte. Pero aquí lo único que ha fracasado es lo que usted llama democracia. Para no verlo hay que ser un fanático.

—¿Puedo citar su nombre en lo que escriba?

Ya se lo había preguntado antes. Me había dicho que sí. Ahora duda.

—Mejor no —dice—. Hemos hablado de cosas personales.

No me gustaría mortificar a Abimael.

Abandono el despacho del hermano sin excesivo entusiasmo. Hasta ahora, en vez del depredador, solo he encontrado a un pequeño y nada amenazador burgués de provincias con nobles intenciones. Me frustra no haber podido confirmar un dato fascinante: en su partida de nacimiento, Abimael figura con el nombre de Abismael. Según Nicholas Shakespeare, así se llamaba su padre, pero el hijo borró la *s* en sus documentos de adulto para tomar el nombre de uno de los jinetes de Apocalipsis. En cambio, el informe de la Marina dice exactamente lo contrario: que eliminó la letra para tener un nombre menos apocalíptico. Una interpretación alternativa es que se haya cambiado de nombre para desafiar a su padre, en una muestra de rebelión contra la autoridad.

En cualquier caso, el dato es atractivo, pero falso. Los hermanos de Abimael dicen que él siempre se llamó Abimael, y su padre también. Todo parece indicar que el nombre de Abismael es solo el error de un funcionario del registro civil aburrido, acaso semianalfabeto. Yo quería escribir ese dato. A todo periodista le gustaría escribirlo, porque es la excusa perfecta para poner a Abimael y el Apocalipsis en la misma frase. Es el mejor titular.

Es difícil evitar esa tentación, no solo como periodista, sino también como peruano; si Abimael es una especie de encarnación del mal en estado puro, no es nuestra responsabilidad. Es solo mala suerte. La gente así puede nacer en cualquier país. Pero si no es un loco innatamente sediento de sangre, si se volvió así en su contacto con la sociedad, entonces, de un modo u otro, es una creación nuestra, hemos parido y amamantado a nuestra propia bestia negra.

Recorro los lugares en los que Abimael pasó su niñez y su adolescencia: la Universidad de San Agustín, la hermosa casona colonial de la calle Ejercicios, el colegio La Salle. Si la clave de las conductas adultas puede rastrearse en la niñez, lo único que me permite vincular al tímido estudiante arequipeño con el líder de Sendero Luminoso es su condición de bastardo. Para un niño, sentirse diferente a los demás es una de las experiencias más duras. Ser el raro, el tonto, el advenedizo, son situaciones que te predisponen contra tu entorno. Si el mundo te acoge con naturalidad y afecto, te sientes más dispuesto a seguir las normas convencionales. De lo contrario, es más posible que desarrolles la tendencia a huir de él.

O a volarlo en pedazos.

Antes de abandonar Arequipa, paso por el bar en que Abimael se reunía con sus amigos de facultad, El Crillón Serrano, una pequeña chingana de cervezas y menús baratos en el centro de la ciudad. Paso un rato mirando sin pedir nada, hasta que una anciana, quizá la dueña, se me acerca:

—¿Le sirvo algo, joven? No sé qué decir.

—No, perdone... Es que... mi abuelo me contó que de joven venía a este bar, y solo he venido a echar un vistazo.

—Ah. ¿Cómo se llama su abuelo?

Peor. No esperaba esa pregunta. Pero tengo que decir algo rápido.

—A... Atilio.

—¿Atilio qué?

Solo tengo un apellido en la cabeza. Sale casi natural.

—Guzmán.

—Será pariente de Abimael, pues. Trato de reírme convincentemente.

—No, pues, señora. ¿Cómo se le ocurre? Es solo una coincidencia.

—No crea. Abimael venía acá siempre a celebrar las graduaciones de sus compañeros. Tenían la costumbre de brindar con champaña y arrojar las copas al suelo.

Al fin, algo de violencia, es poco pero no está mal.

—Dígame. ¿Y eran muy agresivos cuando bebían?

—¿Agresivos? No. Rompían sus copas tranquilitos en el fondo del bar. Y las pagaban. Siempre regresaban a pagarlas. Nunca tuve ningún problema con ellos.

—Bueno, todos los peruanos hemos tenido algún problemilla con Abimael. ¿No?

—No, es que usted es limeño. En la ciudad de Arequipa, Sendero nunca atacó. Es que Abimael era de acá, y Arequipa siempre lo trató muy bien.

2

Los focos más peligrosos de motín potencial

En 1962, Abimael Guzmán fue nombrado profesor de la Universidad de San Cristóbal de Huamanga, en el departamento de Ayacucho.

La ciudad que recibió al futuro líder de Sendero era muy distinta de su Arequipa natal. Arequipa era la segunda ciudad del Perú en importancia. Ayacucho era la tercera en pobreza. Arequipa tuvo desde fines del siglo XIX industria de lana y conexión con un puerto. Ayacucho vivió hasta los años sesenta prácticamente bajo un sistema agrícola feudal en una tierra seca. El escritor José María Arguedas —cuya segunda esposa formaría parte de Sendero Luminoso— retrató en su obra el poder de los hacendados basado en la propiedad del agua, y la opresión y miseria de los indígenas.

La miseria ha convertido a Ayacucho en zona de conflictos a lo largo de toda su historia. Antes del Imperio inca, en sus alrededores habitaban culturas guerreras como los wari y los chancas. Ya durante el Virreinato, la resistencia más combativa surgió en la despectivamente llamada «Mancha India» de la Sierra Sur: la revuelta de Túpac Amaru I en 1580 y la de Túpac Amaru II, doscientos años después. Una versión sostiene que tras la muerte del segundo, que fue descuartizado públicamente por la corona española, la región forjó la leyenda del Incarri. Según ella, los pedazos del Inca han sido enterrados en distintos puntos del Perú, pero están creciendo para reunirse. Cuando encuentren la cabeza, el Inca renacerá y el Imperio resurgirá de sus cenizas.

Pero la independencia de España tampoco detuvo los enfrentamientos. En el siglo XIX, los iquichanos de Huanta se levantaron precisamente contra la independencia y, a fines de siglo, contra los impuestos. El movimiento campesino más importante de la primera mitad del siglo XX también surgió ahí, en 1923. Premonitoriamente, el nombre quechua de Ayacucho significa «Rincón de Muertos».

La Universidad de San Cristóbal había sido la segunda del Perú, pero llevaba cerrada casi un siglo. Volvió a abrir en 1958, con la aspiración de convertirse en un centro cultural de vanguardia. Para los ayacuchanos, la universidad era un motivo de orgullo. Formaba profesionales para toda la Sierra Sur, y había puesto a Ayacucho en el mapa. Por sus aulas pasaban intelectuales como Luis Lumbreras y escritores como Julio Ramón Ribeyro y Oswaldo Reynoso. Este último recuerda los efectos políticos de la apertura de la universidad: «En una zona de grandes abismos económicos, por primera vez los hijos de los hacendados y los profesionales compartían aulas con los campesinos, y se iban a tomar cervezas con ellos, y los conocían personalmente. Eso motivó una gran efervescencia revolucionaria en Ayacucho».

Era la época de los Frentes Estudiantiles Revolucionarios, de la expulsión de los cuerpos de paz americanos de Ayacucho, de la reforma agraria, de cambiar el mundo. Y el mundo estaba cambiando: la revolución cubana, Europa del Este, las revoluciones en Lejano Oriente, las guerrillas en América Latina. Todas las señales indicaban que el sistema tal y como se conocía vivía sus últimos días. La mayoría de los estudiantes de San Cristóbal provenía de otras ciudades o pueblos, y llegaba a la universidad en la edad de formar su personalidad adulta. Los chicos que habían dejado atrás sus pueblos, familias y amigos necesitaban insertarse en redes sociales que les ofrecieran alguna identidad. Esa función la cumplieron los partidos y facciones políticas.

En su ensayo *Revolucionarios*, Eric Hobsbawm afirma que las universidades en el centro de las ciudades son focos más peligrosos de motín potencial que las situadas en las afueras o tras algún cinturón verde. En efecto, las universidades albergan una combinación explosiva de jóvenes disconformes y voluntaristas con capacidad de leer, conciencia crítica e imaginación utópica. Por eso, la mayoría de instituciones académicas en Estados Unidos se encuentra alejada de los grandes centros urbanos. En cambio, la puerta de la facultad de educación, donde llegó Abimael Guzmán a trabajar, da directamente a la plaza de Armas de Ayacucho.

Nada de eso molestaba a las autoridades universitarias. Al contrario. A pesar de su nombre católico, la Universidad de San Cristóbal seguía los principios del fundador del Partido Socialista del Perú, el ideólogo José Carlos Mariátegui.

Según Mariátegui, la revolución en el Perú no sería obrera sino campesina, porque el Perú carece de industria, es un país agrario, así que los oprimidos están en el campo. Para consolidar esa revolución, Mariátegui, un autodidacta que no había cursado educación superior, proponía transformar la universidad en una herramienta de la lucha de clases. Dice el historiador Fernando Iwasaki:

> Mariátegui concebía la universidad como una fábrica y a los estudiantes como sus trabajadores. El objetivo de las aulas académicas era colaborar con los sindicatos obreros, adquirir experiencia de combate contra las fuerzas conservadoras y practicar la autocrítica para mantenerse en la vanguardia de la orientación ideológica. El ideal universitario de Mariátegui comprendía el gobierno de la universidad por los estudiantes, la libre asistencia a las aulas, la creación de cátedras paralelas, el derecho de tacha contra los profesores reaccionarios y la fundación de las universidades populares.

Para los mariateguistas, la prioridad académica era el adoctrinamiento. Los profesores de letras exigían en los exámenes una lectura antiimperialista de todo lo que fuese posible, desde la extracción de petróleo hasta la literatura. Los que se limitasen a dar respuestas técnicas tenían pocas posibilidades de aprobar. Incluso los estudiantes de educación física debían cursar tres asignaturas de materialismo dialéctico y cuatro de materialismo histórico.

Continúa Iwasaki:

> Abimael Guzmán nunca quiso ser una autoridad académica, pues para eso movía a sus peones a voluntad. Por el contrario, durante la década del setenta ejerció el anodino cargo de Director Universitario de Personal, desde donde depuraba ideológicamente a catedráticos y trabajadores. Una tarea parecida encomendó a sus más cercanos colaboradores, quienes controlaron la Dirección de Bienestar Estudiantil

y la Dirección de Ayudas y Becas. Así, Sendero Luminoso administraba las viviendas universitarias, los comedores gratuitos, las becas de estudios y las ayudas a la investigación, a cambio de una sumisión total.

Una anécdota del profesor Carlos Tapia ilustra la relación de Guzmán con sus estudiantes y seguidores. En 1967, Tapia enseñaba estadística en la Universidad San Cristóbal. El 9 de octubre, tras la muerte del Che Guevara, decidió dedicar la clase a hablar del Che y de su significado. Después de la clase, uno de los estudiantes se le acercó en la cafetería. Le dijo que le había gustado mucho su charla y que quería que la repitiese en el auditorio de humanidades ante otro grupo de jóvenes. Halagado, Tapia lo acompañó.

En el auditorio, doscientos alumnos en silencio sepulcral ocupaban todos los asientos menos uno, en el que sentaron a Tapia. La tarima estaba flanqueada de banderas rojas, y el podio llevaba un mantel del mismo color. Nadie lo invitó a hablar. Nadie habló. De repente, Abimael Guzmán salió al frente a disertar. Dijo que le habían llegado noticias de que algunos profesores habían elogiado al Che Guevara, ese «tipejo», contra el cual despotricó durante una hora con el más profundo desprecio.

Guzmán se situó mucho más a la izquierda que el Che. Definió la Cuba de Castro como un «estado burgués avanzado», y no un verdadero ejemplo de república popular. En ningún momento se refirió directamente a Tapia, pero el clima era atemorizante. Después de dejar claro que esperaba que no se repitiesen esas «desviaciones», cerró la sesión y Tapia pudo salir rodeado por el silencio acusador de los estudiantes. Ninguno de ellos hizo ningún comentario.

En esa facultad de educación y bajo ese control ideológico se formaban quinientos estudiantes por curso que se convertirían en maestros escolares, universitarios y técnicos a lo largo de toda la Sierra Sur. Abimael era consciente de eso y le sacó el máximo provecho a su posición. En sus propias palabras: «El movimiento estudiantil se fue propagando a las provincias ayacuchanas. ¿Por qué? Algunos compañeros de educación enseñaban en esos colegios, generaron una fuerte lucha, se expandió... se enviaron personas a Huancayo, Ayacucho y Apurímac y también hacia Cuzco, para vincularse con otros colegios, el plan era mover toda la región sur». A partir de los años sesenta, y hasta mediados de los setenta, ese sería el trabajo político de Abimael y los suyos. No controlarían armas ni sindicatos. No dirigirían manifestaciones. Pero lentamente se adueñarían de las cabezas de los estudiantes en toda la región.

El maestro Luis Jaime Cisneros, presidente de la Academia Peruana de la Lengua, ha analizado los libros escolares que los profesores de Guzmán repartían en los colegios rurales. Según él, su sistema educativo apuntaba a sustituir al estado en la mente de los alumnos:

> Los textos educativos habituales, los del estado peruano, estaban llenos de poemas a la patria que elogiaban al maestro, al profesional y al policía. Pero en los pueblos andinos no había maestros ni profesionales, y los policías solían cometer abusos. En cambio, los textos de Sendero Luminoso hablaban del pan, del trabajo en el campo, de cosas concretas y cercanas. Los textos del estado estaban llenos de dibujos alegres. Los textos subversivos llevaban fotos. Así, los senderistas proclamaban que el estado daba la espalda al mundo real, y se erigían como los intérpretes autorizados de ese mundo.

Los libros senderistas no ostentaban hoces y martillos, ni emblemas rojos, ni consignas políticas, de modo que la policía nunca los requisaba. Pero eran sutiles: en una de sus ilustraciones, el dueño del pan es un gordo sin dientes; en otra, los campesinos trabajan en la cosecha agotadoramente, bajo un aplastante sol. De ese modo, los niños crecían sensibilizados a las diferencias sociales y representaban un caldo de cultivo perfecto para el adoctrinamiento ideológico. Cisneros concluye: «En el Perú, los gobernantes nunca han entendido el poder de la educación. Como es abstracta, invisible, siempre la han despreciado. Pero algún día, alguien tendrá que explicar por qué el grupo más sanguinario de nuestra historia estuvo dirigido por maestros».

En 1964, Guzmán se casó y empezó a ser más regordete de lo que muestran sus fotos de Arequipa, pero igual de formal. Siempre andaba con un libro bajo el brazo, perfectamente arreglado y pulcro, de traje gris o de negro pero sin corbata, y con una camisa blanca abrochada hasta el cuello. Observaba las marchas políticas desde afuera, sin participar activamente en ellas, y trataba a todo el mundo de usted.

Eso me lo cuenta una mujer a la que llamaremos Clara, con quien me reúno en Ayacucho. El día de nuestra entrevista es uno de los primeros de abril, y la plaza mayor empieza a alfombrarse con las flores de colores tradicionales de Semana Santa. Clara me recibe en un restaurante típico y me habla bajito, mirando hacia todos lados. Cuando pasa cerca alguien que conoce, se queda callada o cambia de tema. Le he dicho que nos veamos en su casa, para que esté más tranquila, pero se ha negado. Su esposo no le permite hablar de estos temas.

Para haber militado en una facción revolucionaria llamada Bandera Roja, Clara me parece una señora muy dulce, quizá debido a sus modales andinos, siempre parsimoniosos y considerados. Al sentarnos en un restaurante, yo quiero pedir un café, pero ella opina que estoy muy flaquito y me pide una sopa de patasca con cereales y carne. Son las diez de la mañana, pero sé que me tendré que comer todo eso por educación elemental.

Clara militó con Guzmán durante muchos años y fue la mejor amiga de su mujer, Augusta La Torre. Tanto así que ha escrito un libro sobre las mujeres de Sendero. Pero no cree que sea momento para publicarlo. Más aún, antes de empezar a hablar me pide que no publique su nombre. Y nunca llama a Abimael por el suyo. Se refiere a él como «ese señor tan importante».

Hasta ahora, la única descripción personal que he conseguido del Guzmán académico aparece en una entrevista concedida por otro profesor de esa época, Luis Lumbreras:

> Abimael era una persona muy afectiva y con una gran sensibilidad. Nunca he visto tratar con tanto respeto, con tanto decoro, a un pordiosero, a un mendigo, como lo hacía él. Era el tipo de persona que se paraba en una esquina y si veía a una anciana que tenía que cruzar alguna calle, la buscaba y la hacía cruzar. Con mucha formalidad, lo hacía dentro de su propio estilo.

Le leo ese párrafo a Clara, que está de acuerdo. Ella recuerda a Guzmán como un hombre sensible y educado, pero también juguetón: «A veces, me miraba fijamente y me preguntaba: "Oye, tú, ¿por qué tienes los ojos tristes?". En privado, él era una persona muy alegre».

Su alegría y su cultura solían encandilar a los frecuentes invitados de su casa de la calle Libertad, conocida como El Kremlin. Casi todos los días, Guzmán y Augusta La Torre recibían gente a almorzar, y a menudo organizaban fiestas con música andina y boleros. De hecho, entre los demás izquierdistas de Ayacucho, su grupo era conocido como «Los chupamaros», por su afición a beber («chupar» en el argot peruano), apodo que ellos detestaban.

Dos textos recogen canciones que Guzmán siempre pedía en esas fiestas. Una de ellas, premonitoria, es citada por Susana Guzmán:

Tú diste la luz al sendero
En mis noches sin fortuna
Iluminando mi cielo
Con un rayito Claro de luna.

Y otra, por Shakespeare:

Ay, Pepito, yo te ruego
Si, si, si, es que aún me quieres
Como yo te quiero. Ven hacia mí
Pepito de mi corazón.

Sin embargo, la alegre vida social de Guzmán se reducía a los miembros del partido: su entorno laboral, familiar y político se iban superponiendo hasta convertirse en un solo bloque. Su vida privada era vida política: los pasatiempos habituales eran trabajo de campo, preparación de manifestaciones, debates y reuniones del partido. A la vez, el partido era casi una institución familiar. Los apellidos Morote, Durand, La Torre, se repiten años después en varios de los miembros del Comité Central de Sendero Luminoso. Y es que, en el mundo de Guzmán, incluso el amor era un medio para extender la revolución. Una profesora de Ayacucho entrevistada por la ensayista Robin Kirk recuerda que Guzmán disfrutaba enamorando a las izquierdistas

—que eran casi todas las alumnas y profesoras de letras— con su teoría revolucionaria.

Según cuenta, a ella trató de seducirla porque le interesaba su tema de tesis, un estudio sobre por qué no había triunfado una revolución en el Perú. Para «asesorarla», Guzmán le ofrecía libros, la invitaba a tomar el té, charlaban. Pero ella lo rechazaba también por razones ideológicas: «Había leído a Mao; en ese momento, todos éramos maoístas. Yo conocía la línea de Guzmán y estaba en desacuerdo con ella».

Un día, Guzmán apareció de improviso en su casa para dejarle unos libros. Al llegar, vio salir por la puerta a dos de sus rivales políticos. Se sintió traicionado. Nunca volvió a dirigirle la palabra. En ese círculo cerrado, el odio de Guzmán se transmitió de inmediato a todos sus compañeros de facción. Y era feroz. La militante Katia Morote se cruzó poco después con esa profesora por la calle, y atravesó la calzada solo para escupirle en la cara. «Katia estaba casada con otro cuadro importante. Las esposas eran así; leales a sus esposos y, desde luego, al partido.»

La endogamia formaba parte de la estrategia política. En las fiestas que celebraba, Guzmán se instalaba en un rincón a observarlo todo, con algunos acólitos disputándose su compañía por turnos. Si descubría que una chica de su entorno coqueteaba con alguno de otro movimiento, mandaba un acólito a recuperarla. Al final, en ese grupo solo era posible enamorarse los unos de los otros.

Conforme se acercaba el momento de iniciar su lucha armada, el control de la vida personal de los compañeros se fue endureciendo. Había que blindarse de posibles infiltraciones. Clara acompañó a Guzmán casi hasta el final de los años setenta, pero su esposo, aunque era de izquierda, no militaba en el partido:

«Los compañeros empezaron a decirme: "Tu esposo es burgués, una revolucionaria se debe al partido". Al principio era una broma, pero luego las presiones aumentaron. Al final, yo abandoné el partido por mi esposo. Pero muchas otras hicieron lo contrario».

Quizá un hijo de Abimael habría cambiado el curso de los acontecimientos. Quizá, como suele ocurrir, una familia real habría reemplazado a la familia política que se estaba formando en la universidad, y una vida cotidiana, aburrida y feliz habría interrumpido los sueños de gloria juveniles. Probablemente, Abimael habría aceptado esa opción de buena gana. Clara asegura que él adoraba a los niños. Y Lumbreras recuerda que sus ideas sobre la familia eran básicamente católicas: «Yo lo acusaba de conservador en ese aspecto, y él me acusaba de ser demasiado liberal. Tenía un profundo respeto por la unidad familiar. Para él, el núcleo familiar se había roto». Pero ningún hijo llegó.

Algunos testimonios permiten conjeturar que Guzmán ya tenía una frustración personal con ese tema; Clara sostiene que Abimael había tenido una hija cuando era muy joven. Referencias al respecto asoman tímidamente entre gente que lo conoció hasta los años setenta. Uno recuerda el rumor de un embarazo en Arequipa, producto de una aventura juvenil. Otra mujer del círculo, que fue amante de Guzmán, asegura que ella llegó a ver a la niña, pero que Guzmán no la quería y no pensaba reconocerla. Ambos datos figuran someramente, casi ocultos, en sendas entrevistas inéditas con Gustavo Gorriti. No parecían pistas importantes, pero Clara aporta un nuevo dato: «Yo nunca vi a la supuesta niña. Y nunca supe nada. Pero cuando nació mi propia hija, Abimael me sugirió que la llamase XXX. Me dijo que él había tenido una hija llamada así, pero que la niña había muerto al nacer. Me pidió que no se lo dijese a nadie, ni a su esposa».

Los testimonios son demasiado débiles. Pero irremediablemente me hacen pensar en la antigua novia arequipeña, encerrada durante seis meses, sin que nadie supiese de ella, desaparecida, para olvidar a Abimael, para lavarle el cerebro, o quizá simplemente, para ocultar lo que iba creciendo en ella, la imagen viva de su indecencia, el hijo bastardo de un hijo bastardo: ¿quién aceptaría eso en la rígida moral de la provincia? O dicho de otro modo: ¿quién se casaría con esa mujer, con esa hija única de dos maestros rurales? Abortar es pecado y, sobre todo, en los años cincuenta, era difícil y arriesgado. Entregar a un niño en adopción, no. En caso de embarazos no deseados, era habitual terminar la gestación y entregar al niño a un convento u organización de caridad. Quizá fue eso lo que ella le dijo a Abimael en aquella fiesta que presenció su hermana, antes de que él se emborrachase, patease el espejo, y un «hombre nuevo» naciese en él.

Solo hay indicios al respecto. Ninguna verdadera prueba. Pero más de treinta años después, Clara cree que ese conflicto explica la conducta posterior de Abimael: «Creo que tenía un trauma. No había podido controlar ni quién era su padre ni quién era su hija. Creo que se obsesionó por crear un grupo humano, un partido, y luego un mundo que pudiese controlar».

Su compañera en la construcción de ese mundo fue Augusta La Torre, camarada Norah, la hija del dirigente que le abrió a Guzmán las puertas del Partido Comunista. Augusta había estudiado en un colegio católico y formaba parte de la pequeña burguesía ayacuchana. Abimael se enamoró de ella nada más llegar a Ayacucho y se casaron un par de años después. Resultó la mujer perfecta para el trabajo político, porque padecía ovarios infantiles. No podía tener hijos.

• • •

Augusta ha sido descrita por Luis Lumbreras como una mujer «muy recia, con una personalidad muy bien formada, muy definida», y con una «fuerte ansiedad por el cambio, por hacer las cosas ya». Su devoción por Abimael, al menos, nunca vaciló. Se casó con él apenas cumplida la mayoría de edad, y recibió como regalo de bodas la jefatura del Movimiento Femenino Popular, uno de los organismos del partido en el que militaría por el resto de su vida.

Lumbreras afirma que Abimael era el más reflexivo de los dos, y Augusta, la más decidida. Su entrega al partido no dejaba lugar para frivolidades: «Siendo muy linda, parece que le molestaba serlo. Jamás se arreglaba. Se peinaba casi como monja. No recuerdo haberla visto con maquillaje ni arreglos especiales, ningún vestido especial. Trataba de pasar inadvertida, era un tipo de personalidad que rechazaba las cosas de este mundo... Con mucha decisión, con una voluntad impresionante de hacer cosas y decidir hacerlas, una mujer decidida a todo».

El hermanastro de Abimael también habla de una mujer resuelta: «Augusta era una mujer de armas tomar. Abimael hizo con ella una simbiosis muy fuerte. Acá no vale hablar de marido y mujer. Eran dos camaradas».

Y Susana Guzmán la describe así: «Jovencita, bonita, morena de grandes ojos... tan comunista o más que él».

Toño Angulo, que ha investigado la relación de la pareja, piensa que «el amor de Augusta hacia Guzmán no fue una pasión de primer impacto.

Primero fue admiración. O, como podría haber dicho el doctor Guzmán, fue un producto histórico».

Clara aún recuerda cuando Augusta se despidió para pasar a la clandestinidad. Clara ya había abandonado el partido, y un día su amiga la fue a buscar. No se quedó mucho tiempo. Solo le dio un abrazo y le dijo: «Tú has elegido tu destino y yo el mío». Luego se abrazaron de nuevo y Augusta se fue sin decir adónde. Lo siguiente que supo Clara, años después, fue que Augusta estaba muerta.

El padre de Augusta, Carlos La Torre, goza de asilo político en Suecia, lo cual le impide hablar públicamente sobre Sendero Luminoso. Pero sigue apreciando a Guzmán. Le envía a la prisión sus medicinas y algunas cartas. A veces les permiten hablar por teléfono.

Su suegro no culpa a Guzmán de lo que pasó. Clara, sí: «Si Augusta hubiera fallecido en otras circunstancias, quizá... —contiene el llanto, no termina la oración. Llueve en la plaza de Armas, sobre las flores del Viernes Santo—. A mí me gustaría ver a Abimael ahora. Quisiera mirarlo a los ojos y preguntarle: "Miserable, ¿qué hiciste con Augusta?"».

3

Por el Sendero Luminoso de Mariátegui

Ahora vamos a hablar de ideología.

En los noventa, esa palabra no se usaba en el Perú: ideología. Vivíamos en un país con futuro, habíamos derrotado al terrorismo y a la inflación, la izquierda estaba acabada, el camino estaba claro, y había llegado el presidente Fujimori para liderar al país. Nada de partidos políticos. Nada de disensiones o cuestionamientos. A arrimar el hombro que todo está bien. Aquí se premia el esfuerzo individual. No hay nada que discutir.

Entre los escritores limeños de mi edad, el tema de moda era la cocaína. Tras toda nuestra adolescencia encerrados en casa, rodeados de bombas, apagones y toques de queda, podíamos salir, podíamos ser felices, y lo celebrábamos con largas noches blancas adolescentes. Probábamos de todo: San Pedro, marihuana, LSD, pastillas. Lo más exótico era el Ketalar, un tranquilizante para gatos que se vendía legalmente en las farmacias en ampolletas. Unos minutos en el microondas evaporaban el líquido dejando unos cristales que podíamos aspirar. Toda una experiencia. Por lo demás, el mundo entero pensaba igual: Bret Easton Ellis, Fuguet, Mañas. ¿Cómo podías ser un escritor en los noventa si no eras joven, guapo y drogadicto?

En la sierra se escribía literatura sobre la violencia política, pero en Lima nos daba igual. Ni siquiera se reseñaban esos libros en los diarios. No figuraban en los escaparates. En las universidades públicas, las fuerzas armadas habían restablecido el orden y erradicado a los sectarios que querían hacer algo más que estudiar. La política era un tema denso del pasado, de cuando había problemas políticos. Y era complicada, muy complicada, sobre todo, la política de los años en que habíamos nacido, y muy por encima de todo la de izquierda, que implicaba horas de estériles debates, miles de palabras largas y toneladas de densa y pastosa ideología.

Fernando Iwasaki resume esos debates ideológicos así:

> Las discusiones acerca del modo de producción dominante en el Perú (si asiático, feudal o capitalista); sobre la composición del proletariado peruano (si campesino, minero o pescador); en torno al itinerario de la revolución (si del campo a la ciudad o de la ciudad al campo); así como la devoción por algunos modelos concretos del socialismo real (si chino, albanés, rumano, yugoslavo, etc.), contribuyeron a la progresiva atomización de la izquierda peruana. Así, a mediados de los setenta llegaron a existir en el Perú 74 partidos marxistas-leninistas, genuina constelación de todas las corrientes internacionales y vernaculares del marxismo. Por haber había hasta un partido trotskista de inspiración argentina, cuyo fundador —Carlos Posadas— proponía apoyar a los extraterrestres en caso de invasión galáctica, porque a la vista de su desarrollo industrial los compañeros de otros planetas tenían que haber llegado al socialismo. Uno de esos partidos minúsculos y rocambolescos era el Partido Comunista del Perú «por el Sendero Luminoso de Mariátegui», fundado por Abimael Guzmán en 1969.

Complicado. ¿Verdad?

Busco un comunista que me lo explique, y encuentro a Gustavo Espinoza, militante desde comienzos de los años sesenta. A finales de 1963, Gustavo Espinoza debatió con Abimael en un congreso de estudiantes en Ayacucho. Guzmán militaba en la sección provincial del partido y Espinoza asistió desde Lima. Tenían que decidir en una asamblea la posición de los comunistas ante los demás grupos políticos presentes en el congreso. Hoy, Espinoza me recibe en un pequeño apartamento cerca de la avenida Venezuela y me cuenta: «Guzmán quería tomar el control del congreso y del partido. En nuestra primera reunión sostuvo una tesis radical: según él, en la sociedad capitalista la lucha es de clases. Y hay dos clases antagónicas: la burguesía y el proletariado. El partido que levantaba la bandera del proletariado era el nuestro. Los burgueses, todos los demás. Era necesario oponernos a todos ellos, derrotarlos y descabezarlos. —Espinoza se ríe—. Pero eso era inviable, era absurdo».

Más pragmático, Espinoza propuso aliarse con la derecha para derrotar al Partido Aprista (APRA), su principal rival en la federación de estudiantes. «El tema en juego no era la línea ideológica mundial, sino ganar las elecciones de la federación. Necesitábamos que hubiese un comunista en la dirección, y que nos representara decorosamente. Nada más. Nuestro rival ahí era el APRA, no los burgueses del mundo.»

La posición de Espinoza era de un pragmatismo demoledor, y aún hoy la explica con sincera frialdad. Acababa de descubrirse una matanza de campesinos a manos de la policía, y los apristas estaban pidiendo la dimisión de todo el Consejo de Ministros. Si los comunistas eran indulgentes ante la opinión pública, los conservadores estaban dispuestos a apoyarlos en las votaciones del congreso. Las perspectivas de la negociación eran las mejores. La matanza podía ofrecer grandes réditos políticos. Espinoza prevaleció en el Partido Comunista, y la posición de Guzmán perdió la elección interna.

«Abimael estaba indignado —recuerda Espinoza—. Dijo que eso era una conducta sin principios, oportunista y sectaria. Él era incapaz de descender de las alturas ideológicas al mundo real. Tres meses después, la facción en que militaba Guzmán se desvinculó del Partido Comunista con el nombre de Bandera Roja.»

Guzmán llevaba tiempo burlándose del partido, al que comparaba con un club social de tertulias y cafés. De hecho, despreciaba a todos los partidos políticos; solía decir que había que barrer con ellos, que no servían para transformar a la sociedad sino para parasitarla. El tema de la matanza de campesinos le dio el mejor argumento para romper con el sistema político. En el análisis de Guzmán, Bandera Roja no se retiró del partido, sino que expulsó a los demás, «los dejó aislados» y continuó siendo el único partido de la revolución, el verdadero seguidor del fundador Mariátegui, el único que haría la lucha armada y, además, el único con la orientación ideológica adecuada, la china.

Para entonces, lo soviético ya no era revolucionario. Stalin había muerto. Su sucesor Jrushov denunció sus crímenes y su culto a la personalidad, redujo la represión y promovió cierta distensión en la Guerra Fría. La Unión Soviética se convirtió en una potencia más, el socialimperialismo. En consecuencia, los partidos comunistas del mundo empezaron a defender la toma del poder por la vía pacífica, no armada. Abimael consideraba que eso era venderse. Él mismo dice: «Yo he admirado a Stalin siempre ... Comprendo que fue un gran marxista ... Quitarnos al camarada Stalin era como quitarnos el alma».

Una versión de su puño y letra de la apertura soviética aparece en un documento de Sendero Luminoso: «El payaso de Jrushov ... vomitó todo su veneno revisionista contra el camarada Stalin llamándolo "asesino", "Yván el terrible" ... Jrushov que en los años treinta decía: "Ay de quien levante una mano contra el padrecito Stalin, se la cortaremos"». En otros textos, Abimael califica a Jrushov de puerco ignorante de bravatas, prepotente, miserable, inconsecuente, chancho de porquerizo rosado y, el peor insulto de todos, revisionista.

Pero Gustavo Espinoza tiene otra versión:

—Dicen que el Partido Comunista del Perú se dividió entre prosoviéticos y prochinos. Pero no fue así. A ellos, China los compró. El Partido Comunista Chino empezó a promover y financiar la división de los partidos comunistas del mundo. Y compró a Bandera Roja. Nosotros nunca nos declaramos prosoviéticos. Ellos se declararon prochinos y se fueron. Nos acusaban de que no queríamos hacer la lucha armada. Era una tontería. Ellos tampoco iban a hacerla.

—Pero luego la hicieron —le respondo, extrañado.

—No, eso es un cuento.

—¿Cómo?

—Ellos solo hablaban de la lucha armada. Pero eran un grupo pequeño con poca capacidad operativa. Guzmán era simplemente un profesor de provincias con cierta formación de manual básico.

—Pero ¿y los atentados? ¿Y Tarata? ¿Y los setenta mil muertos?

—Algunas cosas habrán hecho. Pero sobre todo, han sido artificialmente creados por la propaganda. Muchos atentados eran dirigidos por el ejército o la policía, a veces los mismos policías, por robar, se disfrazaban de subversivos.

Un comunista tiene claro quiénes son los buenos y quiénes son los malos en este mundo. Un comunista, por sobre todo, es inclaudicable y sus principios son inamovibles. No importa qué evidencia se le muestre, no importa qué hechos se eleven ante él, se mantendrá imperturbable, religiosamente seguro de que la realidad pertenece al mundo de las apariencias, y que en el fondo, en el plano de las esencias, más allá de toda discusión posible, hay una verdad fundamental que él conoce. Todos los puntos de vista que se opongan a esa verdad son farsas, productos de una gran conspiración destinada a asegurar el orden social por cualquier medio.

—¿Doce años de guerra fraguados por policías y militares? —pregunto desesperado—. ¿Me está diciendo que todo fue un invento?

—Claro. Eso ha obedecido a una gran estrategia del imperialismo. Después de poner a Pinochet en Chile, la reacción decidió inventar a Sendero, o exagerarlo, para fascistizar a la fuerza armada peruana. ¿Alguna vez los republicanos españoles o los montoneros hicieron un apagón como los de Sendero? ¿Alguna vez dejaron una ciudad entera a oscuras? No se puede, a menos que se cuente con equipo militar, con información militar. El propio Abimael creía que estaba haciendo una revolución, pero era todo propaganda para crispar el ambiente. Abimael no tenía capacidad para hacerlo.

Comunistas. Siempre te sorprenden.

Ahora cuesta imaginar que un profesor de provincias decida hacer una revolución y la haga. Suena absurdo, imposible, acaso utópico.

Pero eso era Mao.

En 1949, Mao Zedong proclamó la República Popular China tras veintidós años de guerra contra el Emperador, contra Japón y contra sus antiguos aliados del Kuomintang. En 1948, con la misma estrategia de guerrillas, Kim Il Sung fundó Corea del Norte. En 1954, Ho Chi Minh liberó de Francia a Vietnam. En 1975, Pol Pot tomó el poder en Camboya. Ese año, el Vietcong, con ayuda de Vietnam del Norte, derrotó nada menos que a Estados Unidos. Mao había creado, a partir del marxismo, una estrategia de guerra política *ad hoc* para una zona del mundo con un 90 por ciento de campesinos.

Según Mao, la política es solo guerra sin sangre. Y la guerra, política con sangre. La fuerza militar forma parte de la estrategia política. La táctica maoísta consistió en aprovechar todas las ocasiones para ocupar y administrar directamente parcelas del campo chino. En estas «zonas liberadas», el gobierno comunista pudo devolver a los campesinos la esperanza en la vida aplicando los principios de «respeto al pueblo» y redistribuyendo equitativamente los recursos de tal modo que nadie careciera de lo indispensable para vivir. El proceso comenzó en la «República» de Jiangxi y prosiguió en la de Ya´nan. Por último, la guerra chinojaponesa, convertida más tarde en mundial, permitió a las tropas comunistas ocupar sectores más amplios y hacerse fuertes en ellos. De este modo, su ejército se fue reforzando, encontrando su principal fuerza en la adhesión de la población.

La estrategia de fusión con el pueblo arrojó resultados aún más espectaculares en Vietnam. En ese terreno, Estados Unidos arrojó más bombas que en cualquier guerra anterior y estrenó el mortífero napalm. Aun así, perdió 58.000 soldados, para acabar regresando a casa por la presión de su propia opinión pública. En Vietnam, los comunistas eran un enemigo invisible: una cuarta parte de las bajas norteamericanas fueron causadas por trampas o por minas, y entre el 15 y el 20 por ciento lo fueron por fuego amigo.

La lógica de la guerrilla no es la de una guerra entre ejércitos. No depende de las bajas; al contrario, los muertos la alimentan políticamente. Los norvietnamitas y el Vietcong ganaron a pesar de perder medio millón de hombres, y de que las cifras de civiles muertos según el estimado oficial alcanza los 2 millones. Según declaró Henry Kissinger tras las fallidas negociaciones de París, los comunistas no tenían ningún interés en negociar, y no les importaba la cantidad de muertos: «Les daba igual lo que ocurriese en el terreno. Los guerrilleros siempre ganan con tan solo evitar la derrota total». Y sobre todo, tenían fe en estar en posesión de una verdad absoluta e infalible. Según Kissinger, «eran tan leninistas que creían conocer mis motivaciones mejor que yo».

El Oriente rojo era territorio eminentemente campesino, como la Sierra Sur del Perú. Una estrategia guerrillera similar podía dar resultados, al menos en principio. En palabras del propio Abimael, «Ayacucho ha tenido para mí trascendental importancia, tiene que ver con el camino de la revolución y lo que el Presidente Mao enseña».

Lo de Abimael y el pensamiento de Mao fue amor a primera vista desde 1963, cuando los textos del dirigente chino comenzaron a circular clandestinamente en el Perú. Según cuenta él mismo, «Alguien tuvo la mala suerte de prestarme la famosa Carta China, la "Proposición acerca de la línea general del Movimiento Comunista Internacional"; me la prestó con la obligación de devolvérsela. Obviamente, el hurto era comprensible».

Tras la escisión de 1963, Abimael fue nombrado secretario de organización de la facción Bandera Roja y escogió el alias de camarada Álvaro. Le disgustaba la costumbre de los comunistas de ponerse nombres rusos. Como Mariátegui, pensaba que la lucha armada debía hacerse en español, adaptarse al país. La línea política estaba clara. De la línea militar se ocuparía Mao.

El camarada Álvaro pudo estudiar las lecciones maoístas en la propia China, en 1965, en la Escuela Político-Militar de Nanjing. Mao trataba por entonces de extender su proyecto revolucionario: financiaba a los partidos comunistas del mundo a través de sus embajadas e invitaba a sus mejores dirigentes a conocer personalmente la Revolución Cultural en la escuela. Guzmán volvería a la escuela dos años después, en una situación distinta: «Estaba en ese momento la Revolución Cultural. Muchas cosas me impresionaron, cambios políticos, el Partido Comunista había sido disuelto, solamente quedaba el Comité Central... Todos los militantes debían volver a comprobar si tenían crédito suficiente para ser comunistas».

La Wikipedia de Internet describe la Revolución Cultural como

> una revolución dentro de la revolución china. El Partido Comunista había vencido, pero necesitaba depurar sus filas del revisionismo, eliminar la disidencia al interior del partido. Esta segunda revolución, a diferencia de la primera, no tenía un pensamiento que la rigiera y no creó un nuevo orden sino tan solo caos y desorden. Pero lo más extraño de esta crisis fue precisamente que fuera inducida por el líder del régimen. Y que sus víctimas fueran sus aliados.

En concreto, un ministro fue golpeado hasta morir y Liu Shaoqi y Deng Xiaoping, considerados como exponentes de una política poco revolucionaria, ambos fueron purgados del partido; Liu Shaoqi fue torturado y murió en prisión mientras Deng Xiaoping fue rehabilitado en 1973.

El 70-80 por ciento de las autoridades locales y provinciales fueron depuradas así como el 60-70 por ciento de las centrales. De los 23 miembros del Politburó solo quedaron 9, y 54 de los 167 miembros del Comité Central. Tres millones de personas fueron obligadas a cursos de reeducación y quizá medio millón murieron. Una hija adoptiva de Zhou Enlai fue torturada y también sufrieron los hijos de Deng. Al final, la Revolución Cultural solo sirvió para inmunizar contra cualquier posible repetición de algo semejante.

Pero en 1967, Abimael no tenía noticias de eso. Los cambios que notó en la escuela desde su primera visita eran más bien estéticos: «Los desfiles, las marchas... antes era un centro con protección militar, conventual, silencioso».

Él recuerda sus cursos así: «Nos enseñaban cuestiones militares, pero también se comenzaba por política, la guerra popular; luego, construcción de las fuerzas armadas y estrategia y táctica; y la parte práctica correspondiente: emboscadas, asaltos, desplazamientos, así como preparar artefactos de demolición».

El principal objetivo de la escuela era enseñar a hacer una guerra casi sin dinero ni armamento, supliendo la falta de medios con la convicción ideológica de los combatientes. En el primer ejercicio, el instructor ordenaba a los asistentes tomar sus armas. Los asistentes, sorprendidos, respondían que no tenían armas, y el instructor respondía: «¡Falso! Es que no han abierto los ojos. Un árbol es un arma: puede ser un escudo. Una piedra es un arma: puede ser un garrote. Un bolígrafo es un arma: puede ser un puñal».

Abimael rememora otra anécdota: «Cuando terminábamos el curso de explosivos, nos dijeron que todo se podía explosionar; entonces, en la parte final, cogíamos el lapicero y reventaba, nos sentábamos y también reventaba, era una especie de cohetería general, eran cosas perfectamente medidas para hacernos ver que todo podía ser volado si uno se las ingeniaba para hacerlo». Años después, ya como líder de Sendero, Abimael reivindicaría a la «humilde dinamita» como «arma del Pueblo, de la clase».

No obstante, en los cursos, toda la preparación militar estaba subordinada a la política: «Cuando manejábamos elementos químicos muy delicados, nos recomendaban tener la ideología presente siempre y decían que ésta nos haría capaces de hacerlo todo y hacerlo bien; y aprendimos a hacer nuestras primeras cargas para demoler».

El valor casi místico que se atribuye la ideología recuerda a la Fuerza de Luke Skywalker, una herramienta espiritual y trascendente que le da a su usuario poder ilimitado. Por supuesto, un materialista no cree en fuerzas del más allá. Pero para Guzmán, el marxismo es «ciencia y, a su vez, una ideología», es decir, una verdad trascendental. Este tipo de marxista realiza el mismo proceso racional que un teólogo. Dispone de argumentos racionales, pero en lo fundamental, lo suyo es un acto de fe.

La crítica de Karl Popper al marxismo es precisamente que no puede ser científico porque en ningún caso resulta falso. La física de Aristóteles, por ejemplo, resulta falsa cuando hay que explicar el movimiento de los planetas. Entonces aparece la teoría de la gravedad de Newton, que, sin embargo, es falsa en un universo con agujeros negros y energía negativa, de la que sí da cuenta la relatividad de Einstein. Así, la ciencia avanza creando nuevas teorías para superar las insuficiencias de las antiguas. En cambio, un marxista nunca admitirá la evidencia de que su teoría no explica el orden social. De hecho, descartará como «burgués» todo argumento que cuestione sus directrices. Al igual que un católico ve a Dios en cada forma de vida, un marxista encuentra en cada hecho histórico —incluso en la crítica ajena— la confirmación de sus creencias.

Así, epistemológicamente, el marxismo no funciona como una ciencia sino como una religión, con su propia moral, sus sagradas escrituras y su paraíso prometido. Y, sobre todo, con su código de acción, un código que lleva directamente al martirio. Si concibo a la humanidad exclusivamente según sus diferencias sociales —oprimidos frente a opresores, pobres frente a ricos, buenos frente a malos— debo entender la historia humana como el esfuerzo por resolver esas diferencias. Si observo la evidencia que me ofrecen los historiadores, constataré que la manera más rápida de resolverlas es la guerra (de independencia, revolucionaria, mundial, etc.). Concebiré entonces que la guerra es una especie de empujón que le damos a la historia para que se dé prisa. O, como dice Mao: «La guerra es la forma más elevada de lucha para resolver contradicciones entre clases, naciones, estados y grupos políticos». No ver esa progresión de ideas es ceguera. No tomar las armas al verla es cobardía. En palabras de Guzmán: «Para mí no cabe ser marxista y no ser militante, no lo entiendo».

En 1965, con ocasión de su V Conferencia Nacional, el Comité Central del Partido Comunista Bandera Roja caracterizó a la sociedad peruana como «semicolonial y semifeudal», con un gobierno que defiende «los intereses del imperialismo, del latifundismo y de la burguesía intermediaria reaccionaria». Eso significaba que el sistema político no funcionaba, no estaba al servicio de los campesinos, sino de intereses de ricos y extranjeros. Y, según Mao, si la política no funciona, hay que añadirle sangre. Estaban dadas las condiciones objetivas para la revolución. Guzmán lo frasea así: «A nuestro juicio había situación revolucionaria, el problema era convertirla en revolución, eso lo brinda la teoría. En nuestro país había eso, y unas masas que querían cambiar la situación, no querían seguir viviendo como habían venido haciéndolo».

A partir de ese momento consagrado en los documentos del partido, cada segundo de la vida de Guzmán estuvo dedicado a crear las condiciones subjetivas para su revolución: un partido capaz de liderar a las masas hasta la toma del poder. Y cualquier duda, cualquier asomo de vacilación, era una desviación de la línea correcta trazada por el partido, era «derechismo».

Me llamo Santiago porque mis padres se enamoraron en la capital de Chile, en alguna marcha política, cuando gobernaba Allende. Crecí escuchando una canción de Pablo Milanés sobre un lugar ensangrentado que se llamaba como yo.

En los años de mi nacimiento gobernaba un militar en el Perú. En principio, eso no era ninguna novedad en la región. Pero el general Juan Velasco Alvarado no era un dictador normal. Por primera vez, los militares eran de izquierda. Por primera vez, las instituciones armadas no servían para defender el poder establecido sino para cambiarlo de raíz. Velasco decretó la reforma agraria, la nacionalización del petróleo y la expropiación de los medios de comunicación. El proceso revolucionario era observado con interés desde toda América Latina y, especialmente, desde Cuba.

En 1970, Allende ganó las elecciones en Chile inaugurando incluso la posibilidad de realizar los cambios sociales en democracia. América Latina parecía dar un giro decidido hacia la igualdad por cualquier vía posible. Por entonces, papá era periodista, y cubrió con entusiasmo el cambio de mando chileno. Días después, tres tipos trataron de golpearlo en el baño de un restaurante de clase alta. Él estaba acostumbrado, de todos modos. Las señoras más tradicionales lo insultaban por la calle con frecuencia, lo culpaban de haber llenado de indios la televisión. En realidad, mi padre era solo un rostro conocido con el que podían desahogarse. A quien querían partirle la cara era al general Velasco.

Hoy en día, si uno pregunta por las calles de Lima, la mayor parte de la gente le dirá que Velasco era un comunista, un radical de izquierda. Abimael, en cambio, lo consideraba todo lo contrario: un «fascista», un «proimperalista, disfrazado de antiimperialismo, que lo lleva a un nacionalismo reaccionario». Según su análisis, «el mundo había entrado en el momento de solventar regímenes que asumieran posiciones económicas». Velasco, Castro o Allende no eran mejores que los gobiernos de derecha. Solo se habían vendido al imperialismo del otro lado, el soviético.

El primer arresto de Guzmán data precisamente de una protesta contra la ley de educación de Velasco. El atestado policial lo acusa de «ultraje a la Nación y los símbolos representativos, ataque a las fuerzas armadas, contra el orden constitucional y la seguridad del estado, fabricación y uso de armas y explosivos y daños a la propiedad pública y privada». Curiosamente, ninguna de mis fuentes recuerda qué hizo exactamente para merecer una acusación tan larga. Pero él se lo da a entender a la Comisión de la Verdad:

> Hubo un mitin muy grande a raíz del baleamiento de un estudiante ... Así fue como comenzó el uso de medios como bombas molotov, esa noche comenzaron a lanzarlas al municipio, a la prefectura y a las puertas de la policía ... Se extendió a toda la ciudad, barrios, mercados, estudiantes secundarios, estudiantes universitarios, la masa, las madres de las barriadas, heridas, dolidas por el asesinato de sus hijos, imagínate a policías persiguiendo muchachos de catorce años, obviamente los policías quedaban muy mal parados. Bien, eso lo manejaba el Partido.

De ese arresto data la única fotografía que muestra a Guzmán con un *look* más o menos guerrillero: mirada adusta, rostro mal afeitado, pelo revuelto, escenario carcelario. Pero ni aun así dejaba de ser un intelectual, un profesor de la Universidad de San Cristóbal. Antes de encerrarlo, la policía le invitó a un desayuno en el Hotel de Turistas. Fue el único al que dieron desayuno. Al resto se lo llevaron a rastras.

Abimael fue trasladado a Lima y encerrado durante un mes en la cárcel de El Sexto, especializada en presos políticos. Su esposa, Augusta La Torre, también fue detenida, pero quedó en libertad a los pocos días y se unió a Socorro Rojo para atender a sus presos. Ahí, la pareja conocería a Elena Iparraguirre, quien se convertiría en mujer de él y, quizá, asesina de ella.

Para cuando Abimael salió de la cárcel, ya tenía claro que su facción Bandera Roja no iba a hacer la revolución. Habían perdido el apoyo económico de China y, para variar, se enmarañaban en sus disputas internas. Según Guzmán, «había una pugna por quién controlaba el trabajo militar, todos tenían el cargo de comandante, pero no había tropas ... cruzó la peregrina idea de comprar armas en Apurímac, traerlas en un camión con toldo y repartirlas en Ayacucho a las personas. Y hacerlo, para camuflaje, en la plaza de Armas, frente a la prefectura. Imagínense si eso era un plan o pedir nuestra encarcelación. Absurdo».

Guzmán también discrepaba con la Dirección Central en el análisis del gobierno militar. El secretario general de Bandera, Saturnino Paredes, camarada Anderas, se negaba a admitir que Velasco fuera fascista. A lo sumo, sería «fascistizante». No parece una gran diferencia, pero Guzmán consideraba que decir eso era destruir el sentido del partido, liquidarlo. En sus términos, Paredes era un «liquidacionista de derecha».

Paredes cometió un pecado aún más grave: perdido el respaldo de China, decidió buscar apoyo y financiamiento en Albania. El régimen de Enver Hoxha también quería extender su propia revolución e invitó al dirigente peruano a conocerla. Durante su viaje, Abimael Guzmán decidió expulsar del partido a Paredes.

Abimael convocó a una reunión del Comité Central, pero hizo trampa: a sus seguidores los convocó en Ayacucho y a los de Paredes, en Lima al mismo tiempo. En la reunión que él presidió, acusó a Paredes de vendepatria, por su acercamiento a Hoxha, y a los paredistas de desertores. El argumento ideológico era que el modelo de revolución albanesa era llevar la guerra de la ciudad al campo, y no del campo a la ciudad, como señalaba la línea correcta de Mao.

Con esas razones, el camarada Álvaro expulsó del partido a los paredistas. Y en el número 45 de la revista *Bandera Roja*, hizo públicas las expulsiones una por una detallando nombre, número de identificación, domicilio y hasta nombre del cónyuge. En la práctica, estaba delatando a toda la cúpula comunista ante el gobierno militar. La revista era clandestina, pero el Servicio de Inteligencia tenía infiltradas las universidades y leía los órganos de información de izquierda.

A su regreso de Albania, Paredes reaccionó con furia. Convocó a otra reunión, la «verdadera», mandó publicar otro número 45 de la revista y expulsó, a su vez, a Abimael y los suyos, que quedaron constituidos como facción aparte. Ésta, claro, es la versión de la policía. En la versión que Abimael contó a la Comisión de la Verdad, la escisión ocurrió exactamente al revés.

Con el tiempo, Paredes acabaría como candidato independiente a una concejalía barrial de Lima, y moriría sin pena ni gloria a finales de los noventa. Pero Abimael nunca dejó de detestarlo. En un documento de 1988, afirma que la posición política de Paredes era «tremenda estupidez». Y hasta ahora lo desprecia. Según Iván Hinojosa, de la Comisión de la Verdad: «En la cárcel, el sentido del tiempo es diferente que afuera. El tiempo no pasa. Durante las conversaciones que sostuvimos con Guzmán en el 2002, él hablaba de Saturnino Paredes con rabia, como si acabasen de pelearse el día anterior». Según otro testigo, tras una de esas conversaciones, el presidente de la comisión preguntó: «¿Alguien sabe quién es Saturnino Paredes?».

Tras esa última ruptura, desaparecieron todos los obstáculos en el camino de Guzmán hacia el control de su facción. Sufrió otro arresto de cuatro meses en 1970, pero salió en libertad condicional. Y cambió. Sus viejos amigos de Arequipa volvieron a verlo en un viaje a esa ciudad en 1972, y coinciden en que era una persona diferente de la que habían conocido en la universidad.

El poeta Aníbal Portocarrero, que había pasado unos años en París, cuenta que encontró a Abimael más serio y circunspecto. Ya no hablaba de literatura y solo pensaba en la revolución. Su reencuentro, que él esperaba que fuese una cálida borrachera de amigos, se redujo a un rápido café, durante el cual Abimael solo se interesó por los sucesos de Mayo del 68. En otro café, su querido profesor Miguel Ángel Rodríguez Rivas le preguntó por Augusta. Guzmán le respondió que habían decidido no tener hijos para dedicarse exclusivamente al trabajo político.

En ese tiempo, Abimael hacía viajes cortos a Arequipa y su familia empezó a alarmarse porque aparecía por la casa una gente muy rara, jóvenes en su mayoría. Abimael se encerraba con ellos en el salón. Sus hermanas juraban que le habían oído echar llave a la puerta. La hermana mayor sospechaba que les daba dinero. Su abuela también lo vio repartir montones de billetes, aunque quizá eran volantes de propaganda. Según su hermana Susana: «Las visitas de Abimael duraban solo tres días. Su padre siempre le preguntaba sobre su carrera de abogado. Abimael mentía y le decía que tenía montado su estudio en Ayacucho. "Eso está bien, nunca abandones el derecho, hijo", le decía don Abimael».

Tras la publicación de sus nombres en la revista del partido, todos los alias cambiaron. La facción de Guzmán continuó considerándose simplemente el verdadero Partido Comunista del Perú. Pero Abimael, el camarada Álvaro, se empezó a llamar Gonzalo. Y su esposa Augusta cambió su seudónimo de Betty por el de Norah. Sus textos de esa época llevan títulos que a la vez son consignas, como «¡Desarrollemos la creciente protesta popular!» o «¡Enarbolar, aplicar y defender el marxismo leninismo pensamiento Mao Zedong!». Pero todos llevan impreso siempre el mismo lema: «Por el Sendero Luminoso de Mariátegui».

Una década más tarde, ese lema se convertiría en su nombre para la prensa y los políticos, la manera de identificarlos entre la pléyade de partidos comunistas sobre el terreno. Pero ellos nunca firmarían como «Sendero Luminoso-PCP». Solo firmaban «PCP». Y en su fundación de 1969 solo eran doce personas.

4

Los perros de Deng Xiaoping

En 1975, Estados Unidos retiró sus últimas tropas de Vietnam, Franco murió, Sendero Luminoso se planteó pasar a la clandestinidad y yo nací.

Ahora, mientras repaso esos años, comienzo a comprender. A fuerza de leerlos una y otra vez y hablar con testigos, como las canciones que uno va apreciando conforme las escucha, los textos de Abimael van resultando legibles, incluso coherentes. Entre la entrevista con *El Diario* y las grabaciones de sus encuentros con la Comisión de la Verdad veinticuatro años después, no cambian casi nada sus declaraciones.

Tengo también sus audios. Abimael habla como un profesor, lentamente, y asentando sus afirmaciones con aire catedrático. Es difícil que responda en breve, porque remite constantemente a los documentos del partido, que guarda en la memoria con prodigiosa precisión. Y se detiene en cada palabra de cada título de cada documento, para explicar por qué esa palabra y no otra. Para él, esos documentos son la historia oficial de la guerra. Son todo lo que tiene que decir.

Su acento es serrano. Suprime al hablar algunos artículos y pronombres clíticos, y muestra ciertas peculiaridades de conjugación. En la transcripción de sus textos que he hecho para este libro, he ajustado ciertos detalles gramaticales en aras de la comprensión. Pero hay un pronombre que nunca utiliza. Abimael nunca dice «yo». Su primera persona es siempre plural, «nosotros». A veces se refiere a sí mismo en tercera persona como «el Presidente Gonzalo». Otras veces es la «Dirección Central». Es como si no fuese un individuo, sino una institución, el portavoz de la colmena.

Las declaraciones de otros líderes senderistas también están registradas en el Centro de Documentación de la Defensoría del Pueblo. Ante cualquier pregunta, todos estructuran sus respuestas en el mismo orden:

situación internacional-situación en el Perú-guerra popular. Es casi imposible en esas declaraciones espulgar un asomo de opinión personal. Y es asombroso el grado de compenetración ideológica del grupo, el modo en que todos piensan exactamente igual, dicen de las mismas cosas y guardan los mismos silencios.

Toda la historia está escrita, en realidad. Pero no está publicada. El periodista Gustavo Gorriti ha reunido la mayor recopilación de documentos y testimonios policiales, tanto en su libro *Sendero* como en reportajes posteriores sobre la captura de Guzmán. Además, él ha escrito muchas de las entrevistas que contiene el voluminoso archivo de la revista *Caretas* sobre Guzmán. Y hasta tiene otras, inéditas, que me lee en su oficina, sentado frente a la pantalla de su computadora, sin dejarme verlas.

Sobre la base de las citas de Gorriti, busco los documentos senderistas originales. El analista Raúl González me deja ver algunos de su colección. El miembro de la Comisión de la Verdad Carlos Tapia tiene otros, que me permite fotocopiar. A retazos, las piezas del rompecabezas cobran forma y se vislumbra una estrategia del caos. En realidad, son de una coherencia implacable. Sendero era mucho más predecible que cualquier otro grupo de izquierda. Los izquierdistas siempre se estaban peleando entre sí; en cambio, Sendero tenía una dirección central.

De hecho, una vez que uno consigue penetrar en los textos, resultan tan claros que se vuelven monótonos. Aunque los detalles potencialmente incriminatorios están escritos en un lenguaje críptico, cada documento sigue un riguroso y burocrático orden según el evento al que está destinado: hay informes redactados para plenos y conferencias del partido, hay introducciones, bases ideológicas y discusión. Y por supuesto, se repite siempre el mismo formato de redacción: situación revolucionaria internacional-situación nacional-guerra popular.

En 1977, Deng Xiaoping asumió el control del Partido Comunista Chino dando inicio a la apertura económica un año después que marcó una nueva dirección en la política de ese país. Era el mayor golpe de timón desde la Revolución Cultural. Hoy en día, gracias a ese giro, China está en camino de convertirse en la primera potencia industrial en el mundo. Su influencia comercial se extiende por todo el planeta, sus mercados textiles han desplazado a los europeos en su propio territorio y es pieza clave del equilibrio de poderes global. Pero en 1977 las cosas se veían de otro modo. Desde Ayacucho, Guzmán acusó a Deng de revisionista.

En el Perú también, los vientos soplaban desde la derecha. Tras el golpe de Pinochet en Chile, otro golpe llevó a la presidencia al general Morales Bermúdez, que dio marcha atrás en las reformas izquierdistas de Velasco e inauguró un gobierno más ortodoxo, en sintonía con las demás dictaduras de la región. En una entrevista de los años ochenta, un periodista le recrimina al general Morales Bermúdez no haber previsto que Sendero Luminoso organizaba el inicio de sus atentados. El ex presidente responde:

«Teníamos informes de Inteligencia que afirmaban que el grupo de Guzmán propugnaba la lucha armada. Pero en esos años, más de setenta grupos políticos decían lo mismo. No podíamos prever que éstos sí la harían».

A diferencia de Pinochet, el general Morales Bermúdez no duró gran cosa. La presión ciudadana e internacional le obligó a convocar elecciones para una Asamblea Constituyente en 1977, que se instalaría el año siguiente. Incluso los grupos más radicales de izquierda, los trotskistas y Vanguardia Revolucionaria, presentaron candidatos. Guzmán, no. Su trabajo político iba en otra dirección. Llevaba una década operando con su red de la Sierra Sur para adoctrinar a estudiantes y campesinos y desarrollar sus primeros esbozos de aparato militar. Las elecciones no le interesaban. Según explicó a la Comisión de la Verdad más de veinte años después, «había situación revolucionaria, entrar a un congreso eleccionario desarmonizaba el proceso revolucionario, podía complicar la situación».

Solo entonces, los Servicios de Inteligencia empezaron a tomarlo en serio y decidieron interrogarlo.

Su detención se produjo en el marco de un paro general convocado por la Central General de Trabajadores del Perú en enero de 1979. El paro fue un fracaso, pero la policía aprovechó los días previos para detener a todos los militantes de izquierda sospechosos de pretender alterar el orden público.

Guzmán cayó el 7 de enero en Lima, en un operativo en la casa de su suegro, Carlos La Torre, mientras trabajaba en un escritorio. Llevaba algunos años viviendo ahí, porque una enfermedad le impedía resistir las alturas de la sierra ayacuchana. Irónicamente, Guzmán padece exceso de glóbulos rojos.

Según la policía, el detenido no mostró sorpresa ni resistió al arresto. Afirmó que había perdido sus documentos de identidad. Al verlo tan educado y correcto, vestido con impecable camisa blanca, el oficial a cargo no consideró necesario incautar los papeles en que trabajaba.

El periodista Gustavo Gorriti ha reconstruido el amable interrogatorio que le realizó a Guzmán su viejo conocido, el suboficial Pablo Aguirre, quien ya había hablado con él en sus anteriores arrestos. Al verlo entrar en la oficina, Guzmán lo recibió como a un colega de trabajo:

—Amigo Aguirre, ¿cómo me hace usted esto? —le dijo.

—¿Por qué, doctor?

—Porque usted sabe bien que yo no estoy en estas cosas.

¿Qué vamos a sacar nosotros con paros?

Guzmán estaba tranquilo, impasible más bien. Sabía que no se quedaría ahí por mucho tiempo. Aguirre trató de sacarle alguna confesión:

—Vamos, doctor, todos sabemos que usted tiene una línea trazada, que no la va a romper. —Guzmán asintió con la cabeza—. Sabemos que se está preparando para la lucha armada.

—Efectivamente, estamos en ese camino —respondió el preso en plural mayestático—. Ahora, depende de las masas cuándo lo vamos a comenzar.

Según el atestado policial, el sospechoso admitió su ideología marxista-leninista, pero negó que perteneciese a la facción PCP-Por el Luminoso Sendero de Mariátegui o conociese sus planteamientos de lucha.

Tampoco se mostró muy locuaz con los demás presos. Gustavo Espinoza, que aún militaba en el Partido Comunista prosoviético, compartió prisión con Guzmán durante esos días.

La mayoría de los sospechosos estaban en una gran celda de Seguridad del Estado. Guzmán ocupaba una más pequeña. Al principio, Espinoza fue encerrado en la celda grande. Pero al segundo día, lo llamó el teniente, que tenía agentes infiltrados entre los prisioneros. Habían oído que, si el paro fracasaba, los presos políticos culparían a Espinoza y lo matarían. Según él, «el policía no creía esa estupidez, pero tampoco quería hacerse responsable si me pasaba cualquier cosa, así que me trasladó a la celda pequeña. Ahí pasé tres días con Guzmán. ¿Qué puedo decir de él? Nada, porque no abrió la boca ni una sola vez durante todo el encierro. Se pasaba el día acostado, mirando a la pared. A mediodía, salía al patio, tomaba el sol un ratito y volvía a su mutismo».

El otro ocupante de la celda, Alfonso Barrantes, estaba muy preocupado por Guzmán. Creía que estaba enfermo, porque no hacía más que rascarse. Guzmán padece psoriasis, una afección de la piel que produce picazones y manchas. Por la mañana y por la tarde, Barrantes le dejaba solícitamente una taza de té al lado de la cama. Guzmán ni siquiera le daba las gracias. Se tomaba el té y dejaba la taza en la mesita, de donde Barrantes la retiraba para lavarla. Nunca cruzaron palabra.

La familia de Guzmán, su abogado y sus compañeros de partido movilizaron todas sus influencias para liberarlo. Un contraalmirante de la armada y tres generales del ejército y la policía intercedieron a su favor. Hasta que el 11 de enero, Abimael Guzmán pudo abandonar el edificio de Seguridad del Estado y pasar a la clandestinidad.

Según su hermanastro, después de la liberación, Abimael reunió a la familia para despedirse, porque se iba a la lucha armada. No les explicó lo que iba a hacer, pero estaba claro. Su madrastra trató de disuadirlo. Le dijo que él tenía un futuro en la política, que participase en las elecciones. A él se le humedecieron los ojos. Nada más. El de su hermanastro es el único testimonio que afirma haber visto a Abimael alguna vez a punto de llorar.

Alfonso Barrantes, el otro compañero de celda en Seguridad del Estado, era como mi tío. Aún tengo una foto de él entre los exiliados peruanos en México. Y el recuerdo de su estampa de cajamarquino bajito y pacífico sentado en el salón de casa, casi siempre con otros miembros del partido que se reunían con papá a analizar cosas. Tío Alfonso siempre tenía tiempo para saludarme. Me llamaba «pequeño dinosaurio» y una vez me regaló un libro con dibujos prehistóricos. En la portada había un tiranosaurio, mi animal prehistórico favorito.

A diferencia de Guzmán, mi tío Alfonso sí participó en las elecciones. Y cuatro años después de su paso por las celdas, ganó las municipales y se convirtió en el primer alcalde marxista de una capital latinoamericana. Recuerdo la celebración: una calle llena de gente y de banderas rojas de la Izquierda Unida. Papá saludaba a todo el mundo y mamá trataba de que mi hermana y yo no nos perdiésemos.

A partir de entonces, el tío Alfonso tuvo dos coches, ambos en mejor estado que su destartalado Volkswagen de toda la vida. En cada uno de los coches llevaba dos guardaespaldas. Y cada guardaespaldas llevaba un revólver. O sea, que había cuatro, aparte de un fusil recortado que nunca me dejaron tocar. Las pistolas sí, pero sin cargador.

A veces íbamos a buscar al tío Alfonso a su oficina, o sea, al palacio municipal, y lo acompañábamos a actos públicos. En el camino siempre teníamos que detenernos en algún bar porque yo quería ir al baño. Los camareros me preguntaban: «¿Es Barrantes? ¿Le puedo hablar?». Y yo les decía que claro que sí, que es mi tío y es muy buena gente. Y retrasábamos más la comitiva porque todos los camareros y algunos comensales querían hablar con él.

Cuando llegábamos a los actos era más difícil hablar con él. Los periodistas me empujaban para tomarle fotos. Yo les explicaba que era mi tío, pero les daba igual. Era muy famoso y todo el mundo parecía muy contento de verlo.

En 1985, el tío Alfonso postuló a la presidencia del país y llegó a disputar la segunda vuelta contra el APRA de Alan García. La disyuntiva era entre la izquierda y la centroizquierda. Los chicos de mi colegio decían que si ganaba Barrantes, se irían todos a vivir a Miami. Finalmente, Barrantes se retiró de la segunda vuelta para no dividir a las fuerzas progresistas en una elección perdida. Y el APRA subió al poder.

Sin embargo, el gobierno del APRA tomó medidas radicales: nacionalizó la banca, controló los precios y el cambio de dólares, protegió la industria y prohibió las importaciones. García era admirado desde todas las tribunas internacionales de la izquierda. Brillaba en la asamblea de países no alineados. Le dedicaban murales revolucionarios en México. Lo consideraban el nuevo Allende.

El único inconveniente es que el país se hundió. A la violencia de Sendero se sumó la del Movimiento Revolucionario Túpac Amaru

(MRTA) y la del comando paramilitar Rodrigo Franco. Los servicios públicos dejaron de funcionar. La inflación se disparó. Recuerdo que mamá cobraba su sueldo en verdaderas cajas de billetes que se evaporaban en horas. Hubo que cambiar de moneda dos veces para reducir la inmanejable cantidad de ceros que cada cuenta implicaba. Un sol de ahora equivale a mil millones de soles del año 1985.

Durante esos años, seguimos viendo al tío Alfonso, aunque cada vez más esporádicamente. Tampoco ganó las siguientes municipales, y pronto el partido empezó a desmembrarse. En realidad, la izquierda peruana ya no tenía sentido siquiera. Las reformas progresistas democráticas eran un fracaso económico. La extrema izquierda ponía bombas. Y en el medio de ambas no quedaba ningún espacio que ocupar. Ya ni siquiera mamá apreciaba mucho al tío Alfonso. Un día me dijo: «No lo soporto más. Alfonso ha hablado de los logros del pueblo, de no ceder ante el mercado y de miles de idioteces. Le he dicho que se nota que él no hace las compras en su casa». Creo que ésa fue la última vez que se vieron. En las siguientes elecciones, a papá le ofrecieron ser candidato a congresista del tío Alfonso. En el partido, ni siquiera había suficiente gente para llenar las listas al parlamento, así que papá aceptó por solidaridad o por desidia. Era casi el último de la lista, estaba claro que no saldría elegido. Pero durante toda la campaña tuvimos a dos guardaespaldas en la puerta de casa. «Son dos bocas más que alimentar todo el día. Y a mí nadie me va a poner una bomba», protestaba papá. Creo recordar que en esas elecciones el partido de papá no alcanzó el 5% de votos.

En cambio, para entonces, Abimael Guzmán recibía ya el nombre de Presidente Gonzalo. Paradójicamente, de los tres izquierdistas de la celda especial, él fue el único que llegaría a recibir ese tratamiento.

•••

El 17 de marzo de 1980, con la asistencia de cincuenta camaradas, se inauguró la Segunda Sesión Plenaria del Comité Central de Sendero Luminoso. El Buró Político llevaba meses enfrascado en una serie de reuniones para terminar de depurar al partido. En esa última plenaria debía responderse la pregunta final: ¿es hora de iniciar la lucha armada? Abimael sostenía que sí:

> En el Perú, cada diez años se da una crisis en la segunda mitad de la década y cada crisis es peor que la anterior. El año ochenta tenía que entregarse el gobierno a través de elecciones, iba a requerir un año y medio o dos años que el nuevo gobierno pudiera armar el manejo del Estado. Los militares salían después de doce años y fácilmente no podrían asumir una lucha inmediata contra nosotros, ni podrían de inmediato retomar el timón del Estado, porque se habían desgastado políticamente y desprestigiado... [El presidente peruano Fernando] Belaúnde tendría un temor: el golpe de Estado. Y por tanto, restringiría a la fuerza armada. Ésas fueron las razones de iniciar el ochenta y los hechos demuestran que no erramos.

Todas esas reflexiones se sometieron al partido para su consideración. El método senderista de toma de decisiones era una herencia de la «lucha entre dos líneas» de Mao, un sistema colectivo: los representantes de dos corrientes opuestas se enfrentan públicamente y la asamblea decide cuál es la correcta. La lógica de ese método es que el partido decida en nombre del pueblo, suprimiendo cualquier brote de individualismo, y de hecho, haciendo públicas las desviaciones para su escarnio, de modo que los militantes puedan aprender de esos errores y ser cada día comunistas más perfectos, menos esclavos de sus pequeñas mezquindades personales.

El propio Guzmán explica este sistema así: «Siempre tenemos una contradicción entre la línea roja que prima en nuestra cabeza y la línea contraria: se dan las dos, pues no hay comunistas cien por cien; en nuestra mente se libra la lucha de dos líneas, clave también para la forja de la militancia, apuntando a que siempre prime en nosotros la línea roja».

La línea roja estaba encabezada por el mismo Guzmán que afirmaba: «Las masas apoyarán acciones armadas... el Partido está en condiciones para asumir el inicio de la lucha armada».

La otra posición, según los documentos senderistas, era la de alguien llamado «el desertor», que ni siquiera se había presentado a la reunión. Solo había remitido un documento al Comité Central oponiéndose al inicio de la lucha armada. El desertor, en palabras de Guzmán, era un «oportunista de derecha», y los demás miembros del partido debían definir su posición respecto a él.

Por razones de seguridad, los papeles de Sendero Luminoso no consignan nombres. Pero es posible que el desertor sea Luis Kawata Makave, uno de los once dirigentes que habían sido expulsados en las últimas reuniones por oponerse a Guzmán. Dos años después, Kawata fue condenado por terrorismo, debido a las evidencias de sus relaciones con Sendero. A pesar de su arresto, para los presos era un traidor. Así que los senderistas del pabellón recibieron a Kawata con frialdad y organizaron una asamblea para ver cómo castigaban su traición. Tras la reunión, le dijeron: «El Partido ha decidido que no te vamos a matar. Pero mientras estés aquí, tendrás que ir al baño de rodillas».

Y así fue al baño durante sus seis años de prisión. Después de su liberación, Carlos Tapia habló con un Kawata desdentado y escuálido. Tapia se ofreció a ayudarlo, al menos a arreglarle la dentadura. Pero Kawata solo tenía una preocupación: «¿Crees que me acepten en el partido después de esto?». Su historia muestra a qué nivel de identificación con el partido habían llegado incluso los que se consideraban opositores de Guzmán.

En el análisis de Guzmán, ésa era una condición *sine qua non* de los cuadros políticos senderistas. Solo con ese grado de adoctrinamiento se evitaría un fracaso como el de las guerrillas de inspiración cubana de 1965, que Guzmán había analizado y debatido con sus profesores de Nanjing.

La estrategia cubana se basaba en la teoría «foquista» del Che Guevara. Según el Che, si surge un foco guerrillero, el pueblo se sumará y formará un ejército de liberación. Pero en los países andinos, ese sistema nunca había funcionado. La compleja geografía y las inmensas distancias dejaban a los guerrilleros aislados y a merced de las fuerzas armadas, que conocían más tácticas militares y estaban mejor equipadas. Los guerrilleros, a menudo, no estaban identificados con el terreno ni con la población, y quedaban rápidamente cercados. O su logística no les permitía resistir a los insectos y las enfermedades. O, simplemente, eran muy pocos. Precisamente, el autor de la teoría foquista, el Che Guevara, fue muerto en Bolivia.

El camarada Gonzalo se burlaba de esos revolucionarios. Los llamaba «expertos en guerrillas de un mes» y, más directamente, «burgueses». Él consideraba necesario más trabajo político, no solo militar. Quería que todos sus cuadros pensasen con una sola cabeza y estuviesen mimetizados en los colectivos sociales. Llevaba diez años trabajando en eso. Según los informes de Inteligencia de la época, «Sendero Luminoso está infiltrando las comunidades campesinas». En el fraseo de Abimael, «la ligazón del Partido con las masas existe y se desarrolla, particularmente en el campo».

El 2 de abril de 1980 se inauguró la I Escuela Militar de Sendero Luminoso. Los primeros días se dedicaron sobre todo a la autocrítica de la «línea de derecha» para conseguir su «descabezamiento». No bastaba con que los camaradas reconociesen el error de oponerse a la lucha armada. Debían humillarse, exponerse y demolerse públicamente para demostrar que cualquier rasgo de iniciativa individual había desaparecido de ellos y que en adelante serían instrumentos sometidos al partido.

La carta de sujeción firmada en 1982 por Alfredo Castillo Montañés, camarada Antonio, ofrece un ejemplo de la autocrítica exigida:

> Ingresé al partido en 1976 en medio de un duro bregar del partido bajo la dirección del camarada Gonzalo por construir en función de la lucha armada. En el VII Pleno tomé una negra posición de línea oportunista de derecha (LOD), cometiendo graves crímenes contra el partido que fueron aplastados y desenmascarados de inmediato. En el balance de la construcción se debeló mi intento de negar la semifeudalidad. En el VII Pleno, me hundí más formando parte de la LOD, pretendiendo atacar la línea y dirección del partido. En el trabajo incurrí en graves desviaciones oponiéndome al proletariado minero y al campesinado pobre. En mayo de 1979, capitulé miserablemente cometiendo grave traición y deserción contra el partido, agraviado por haber huido sin comunicar ni dar explicación alguna. El partido dio el gran salto aplastando a la LOD dando inicio a la lucha armada. Estuve de comerciante en mezquinos afanes de solo ver mi persona, llevando mercancía, usando ocio y comodidad. A fines de 1979, mandé una carta para reincorporarme que no cumplí por mezquinos intereses personales. Pido humildemente a mi jefe, camarada Gonzalo, una oportunidad, y acepto todo lo que se le ordenaría y resuelva...

El formato de la carta era estándar.

Gustavo Gorriti explica que los marxistas pueden pecar de traidores aun sin darse cuenta, si el partido lo decide. Y si lo decide, en vez de defenderse, los individuos deben repudiarse a sí mismos: «La honestidad del cuadro partidario se medía en que cooperara con el partido en desmenuzar su conducta, en descubrir las raíces secretas de su falta o de su traición. Bajo la presión colectiva, el salto a la extravagancia y a la histeria, el creer que se emergía a la superficie hundiéndose más, era frecuentemente inevitable».

Una vez purgados los rezagos de «derechismo», comenzaron los planes militares propiamente dichos. Las primeras acciones serían robos de cosechas, invasiones de terrenos y sabotajes a las próximas elecciones presidenciales. Mientras tanto, se iría desplegando la guerra de guerrillas. En su discurso de clausura de la escuela, una larga arenga llamada «Somos los iniciadores», Guzmán anuncia lo que se viene:

> El pueblo se encabrita, se arma y alzándose en rebelión pone dogales al cuello del imperialismo y los reaccionarios, los coge de la garganta, los atenaza y, necesariamente, los estrangulará. Las carnes reaccionarias las desflecará, las convertirá en hilachas y esas negras piltrafas las hundirá en el fango; lo que quede lo incendiará y sus cenizas las esparcirá a los confines de la tierra para que no quede sino el siniestro recuerdo de lo que nunca ha de volver.

El primer atentado de Sendero fue en la madrugada de las elecciones del 17 de mayo de 1980. Duró media hora. Cinco encapuchados redujeron al guardián de un local electoral en el pueblo de Chuschi. Quemaron las ánforas y el libro de registro. El organizador era un maestro rural itinerante formado en la Universidad de San Cristóbal.

Durante los siguientes meses, las acciones más graves fueron atentados con dinamita o bombas caseras en bancos, locales públicos y en la embajada china, además de tomas de haciendas o comisarías con izamientos de banderas rojas. Algunas torres eléctricas voladas produjeron pequeños apagones. No hubo víctimas mortales.

Pero Sendero Luminoso necesitaba acciones más radicales para acabar con las vacilaciones en sus filas y cruzar definitivamente la delgada línea roja. El 24 de diciembre, una columna senderista atacó una hacienda, secuestró al propietario de sesenta años, lo torturó a golpes, le cortó las orejas y lo mató. Algo similar hicieron con uno de sus empleados, un chico de diecinueve años.

Dos días después, el centro de Lima amaneció adornado con perros colgando de los postes. La policía pensó que llevaban dinamita, pero los perros solo tenían carteles que decían: «Deng Xiaoping, hijo de perra». Así, Sendero Luminoso anunciaba en el campo y la ciudad el comienzo de la guerra de guerrillas.

Segunda parte

La guerra

5

Incitar al genocidio

Mi primer recuerdo del Perú fue el de los perros de Deng Xiaoping.

A mí me dieron miedo. Pero Abimael los celebró así: «¡Pueblo peruano! Hoy tus hijos enarbolan la gran bandera roja de tu rebeldía comenzando a plasmar con hechos tus más grandes sueños revolucionarios. Hoy tus hijos han iniciado el esforzado, duro y brillante camino de cercar las ciudades desde el campo, el glorioso camino de la guerra popular. Así, hoy tus hijos surgidos de tus poderosas entrañas te ofrendan sus acciones armadas y sus vidas saludando en este año nuevo tu heroica lucha y grandioso porvenir».

En la exposición fotográfica de la Comisión de la Verdad figuran las imágenes de todos los años siguientes, en una recopilación que muestra los mejores reportajes gráficos del año 1980 al 2000. Visito la exposición con el historiador Iván Hinojosa, una mañana en que se la muestra a un grupo de estudiantes. Los chicos tienen alrededor de dieciocho años, de modo que esta guerra ya no forma parte de sus recuerdos. Observan la exposición con un interés museográfico. En cambio, para la gente de treinta o más es una experiencia espeluznante. Nuestra memoria había tratado de adormecer esas imágenes.

Muchas de las fotos parecen sacadas de una película *gore* con cuerpos descuartizados y ensangrentados. En algunas hay tantos cadáveres que no se pueden contar: las armas, los cuerpos mutilados, las cárceles, son motivos recurrentes. En una imagen aparecen soldados encapuchados cargando ataúdes en un camión. En otra, una aldea serrana arrasada por Sendero, aún humeante.

Una serie de ocho fotos documenta la masacre de Uchuraccay, perpetrada por error por los campesinos de una aldea. Las víctimas fueron ocho periodistas que los campesinos confundieron con terroristas. Uno de esos periodistas, Willy Reto, consiguió hacer la serie fotográfica mientras caminaba hacia la muerte. La primera imagen es una estampa rural. Campesinos andando por unas pacíficas laderas serranas. El cielo es gris, el campo verde. En las siguientes imágenes aparecen algunos de los periodistas. Figuran de espaldas, en tomas desde la altura de la cadera. Hay con ellos algunos campesinos, y una mujer con poncho y falda. La situación es confusa. Alguien tiene una cuerda. Los periodistas llevan las manos en alto y dejan sus mochilas a un lado. Tratan de hablar con la mujer. Las imágenes ahora se toman desde el suelo. Alguien está arrodillado. Hay un muro de piedras. La última foto es poco más que un borrón.

Los campesinos asesinaron a los periodistas sin armas, con sus propias manos. Pero eso no es nada. Sin duda, lo más macabro de la exposición son las salas con audio.

En la primera sala se oyen voces de niños. Niños que recuerdan matanzas, violaciones, torturas. En una foto, un pequeño armado con un fusil de madera sopla las velas de una torta. Es la celebración del cumpleaños del Presidente Gonzalo en la cárcel de San Pedro. En otra, un grupo de niños de una chabola asiste a un curso de educación cívica. Dos soldados armados con fusiles y un suboficial pistola al cinto les están enseñando la bandera nacional.

Más adelante, está la sala dedicada a María Elena Moyano, una líder de izquierda de la comunidad de Villa El Salvador. En la sala se oye uno de sus últimos discursos. Pide que quien tenga discrepancias sobre los dirigentes lo diga, y lo discuta, pero que no maten a sus rivales. María Elena fue asesinada y su cadáver dinamitado en 1992.

En la última sala, cuando uno cree que lo peor ha pasado, encuentra una serie de retratos. Fotografías de gente anónima. Se oye un murmullo indefinido, un ruido blanco, como el zumbido de un enjambre. Conforme te acercas a las fotos, vas distinguiendo voces, y en ellas, relatos. Cada foto tiene el suyo, pero te tienes que acercar. En cada foto hay un rostro que nunca viste y una historia que nunca supiste, una historia que te cuentan sin ahorrarte detalles sangrientos, patadas nocturnas en las puertas, manos prendidas de las botas, lágrimas que sus protagonistas se tragaban.

Son los desaparecidos.

A lo largo de los primeros años ochenta fue quedando claro que Sendero Luminoso estaba mucho mejor organizado que el estado, que carecía de preparación para combatirlos. De hecho, como Guzmán había previsto, las autoridades ni siquiera sabían a qué se enfrentaban. No conseguían coordinar sus sistemas de información, ni cooperar entre civiles y fuerzas armadas.

Así, el presidente Belaúnde sospechaba que los senderistas habían sido entrenados en Cuba. El diputado conservador Celso Sotomarino declaraba que «el terrorismo tiene su origen en un portaaviones anclado en el Caribe». El senador de izquierda Javier Díez Canseco opinaba que «la última oleada de acciones tiene un nítido sello de derecha». El ministro del Interior admitía estar mal informado, y su entorno culpaba de ello a las rencillas internas entre las instituciones policiales.

Una confusa historia en el libro de Gustavo Gorriti muestra el grado de incapacidad de las autoridades peruanas. Al parecer, Abimael pudo haber sido capturado mucho antes de que la guerra adquiriese las monstruosas proporciones que tomaría con el tiempo. En abril de 1982, un informe de Seguridad del Estado declaró que Guzmán, en malas condiciones de salud, estaba cercado por detectives en un domicilio en el 550 de la avenida Pershing. Se podía proceder a su arresto en cualquier momento. Sus suegros pedían garantías para que Guzmán se entregase y fuese internado en una clínica. Afirmaban que Guzmán se estaba muriendo de cáncer al riñón y necesitaba diálisis perpetua.

Tras mucho reflexionar, el presidente Belaúnde decidió no detenerlo. Pensó que una detención violenta dejaría a Guzmán como un mártir. Si se iba a morir, sería mejor que lo hiciese solo y con todo el apoyo del estado. Belaúnde ordenó retirar la vigilancia de la casa y mandó a su ministro del Interior anunciar a la prensa que el terrorismo estaba controlado, Guzmán se encontraba «delicado de salud» y el gobierno le ofrecía plenas garantías si quería ser internado en una clínica o un salvoconducto si prefería abandonar el país.

Los familiares de Guzmán nunca llamaron. Y nunca se llegó a saber si se le habría podido atrapar o no.

Pero si en el estado imperaba la confusión, Sendero tenía una claridad estratégica absoluta, especialmente en la Sierra Sur. La encargada de dirigir la violencia en esa zona era María Pantoja, camarada Marcela. Ninguna guerrilla latinoamericana anterior había colocado a las mujeres en posiciones de mando. Pero en Sendero Luminoso, desde el principio, llegaron a generalas. Y la labor que cumplieron con escalofriante eficacia era convertir a estudiantes sin preparación militar en máquinas de guerra.

Pantoja desarrollaba la táctica de conquista territorial en el campo. Primero, las columnas abrían «zonas de operaciones», es decir, de guerra relámpago. Eso implicaba invadir las cosechas y asesinar a autoridades, curas, alcaldes, incluso campesinos prósperos. Así se creaba un vacío de poder, que llenaban las propias columnas organizando juicios sumarios contra abigeos y violadores. Entonces, los campesinos sentían que se restituía la justicia y el principio de autoridad.

Cuando la policía trataba de recuperar esas áreas, se convertían en «zonas guerrilleras», en las que el viejo y el nuevo estado se disputaban la hegemonía. Si la policía avanzaba, los senderistas retrocedían. Si la policía se quedaba quieta, la hostigaban. Pero si retrocedía, las zonas guerrilleras se convertían en «bases de apoyo», en las que el partido iba construyendo el nuevo poder o nuevo estado. Para crecer, cada base de apoyo debía ser el punto de partida de nuevas zonas guerrilleras. Y cada zona guerrillera debía parir nuevas zonas de operaciones, hasta que las fuerzas del nuevo estado ocupasen todo el territorio nacional.

La principal debilidad táctica de Sendero era el armamento. La solución de Guzmán, fiel a la escuela china, era prescindir de él. En cambio, el camarada Feliciano, que dirigía el aparato militar en Ayacucho, insistía en armarse. El conflicto entre ambos atravesaría toda la década. Según la declaración de Feliciano a la Comisión de la Verdad, «se lo he dicho varias veces pero Gonzalo me sacaba una cita de Mao: "Querer disponer de las armas más modernas es desarmarse a sí mismo". Decía que pensar en eso es teoría militar burguesa, línea militar burguesa».

Abimael temía que el aparato militar se impusiese al político, que él dirigía. El partido manda al fusil, ésta era la consigna aprendida de Mao. No al revés. Además, las armas son caras. Al principio, Sendero solo disponía de los fusiles o pistolas que podía arrebatar a los hacendados o a la policía: hasta 1982, no más de 120 en total, 93 de los cuales robados a las fuerzas de seguridad. Cada pelotón disponía, como máximo, de un par de pistolas y otro de fusiles, que reservaban para los enfrentamientos directos con fuerzas del orden. Para atentados con bomba, se podía robar dinamita de las minas. El resto, los aniquilamientos selectivos, se realizaban sobre todo con cuchillos o piedras.

«Esta táctica tiene una consecuencia psicológica. Cuando un francotirador dispara, está lejos de su víctima, puede incluso no verla morir. Pero cuando un asesino mata cuerpo a cuerpo, cruza el umbral de la resistencia psicológica al salvajismo. Después de eso, está dispuesto a cualquier cosa», explica Hinojosa, mientras me enseña la foto de un campesino con la cabeza abierta a machetazos.

Los senderistas, además, organizaban reclutamientos forzosos en los pueblos. Los campesinos que colaboraban una vez en alguna acción armada, pasaban el punto de no retorno. Cualquier investigación policial los encontraría culpables, así que debían seguir colaborando para protegerse. A veces, los campesinos se rebelaban contra Sendero, lo cual multiplicaba la sangre. Y otras veces, la violencia se reproducía sola, alimentándose de sí misma.

Como en Uchuraccay.

Cuando se encontraron los cadáveres de los ocho periodistas, la izquierda culpó a los militares. La derecha dio por seguro que era obra de Sendero. Una comisión investigadora y un largo y complicado juicio con traductores quechuas determinó que habían sido los campesinos. Un militar que estaba destacado en la zona me dice: «Cuando llegué a Uchuraccay, los pobladores estaban orgullosos. Me dijeron que habían matado a una columna senderista, que tenían sus armas. Las supuestas armas eran las cámaras fotográficas y las grabadoras. Los campesinos nunca las habían visto. No sabían distinguirlas de los fusiles y las pistolas».

Las autoridades estatales nunca se habían enfrentado a ese nivel de violencia. Ante la pérdida de control, decidieron tomar medidas de excepción: se declaró el estado de emergencia en cinco provincias de Ayacucho. Y el protagonismo pasó a manos de las fuerzas especiales de la Guardia Civil: los sinchis.

Los sinchis habían sido entrenados y equipados por los boinas verdes y la división de operaciones especiales de la CIA para combatir a las guerrillas de los sesenta. Su entrenamiento militar los hacía especialmente efectivos para la lucha en la selva, donde habían desempeñado un trabajo eficiente y, por eso mismo, bastante breve. Para ellos, tras años de vegetar en un cuartel, abandonados por Estados Unidos y carentes de formación política, el estado de emergencia representaba la oportunidad de volver a la acción.

La entrada en escena de los sinchis intensificó la violencia. A diferencia de las guerrillas tradicionales, los senderistas no llevaban uniforme, a menudo no llevaban ni armas y no acampaban fuera de los pueblos, como exigen las leyes de guerra. Eran un enemigo invisible que se confundía con los pobladores inocentes, atrayendo el fuego policial contra esos pobladores.

Durante los sesenta días que duró ese primer estado de emergencia no hubo muertos, varios senderistas fueron detenidos y la policía logró incautar muchos de los explosivos robados. Pero también, según la Comisión de la Verdad, «desde entonces empezaron a conocerse procedimientos policiales bastante violentos, detenciones indebidas y casos de tortura».

El informe final de la comisión narra el caso de una víctima que tenía solo catorce años cuando fue violada por un grupo de sinchis armados y encapuchados el 28 de octubre de 1981. Ellos irrumpieron violentamente en su casa rompiendo puertas y ventanas. La vendaron, la subieron a un carro y la violaron entre siete. Al amanecer, la subieron a un helicóptero. En pleno vuelo, le amarraron los pies con una soga y la balancearon en el aire por algunos minutos para que confesara. Es solo un ejemplo de sus métodos.

Para Guzmán, eso formaba parte de «la cuota de sangre» que la revolución demandaba. En sus términos, «el revolucionario tiene que llevar la vida en la punta de los dedos, listo para entregarla» y el campesino tiene que «enfrentar el baño de sangre» correspondiente.

La estrategia de Sendero Luminoso era incitar al genocidio, para mostrar lo que llamaban «la entraña fascista del régimen». Según los planes de Guzmán, la violencia del estado, que además tenía mayor capacidad de fuego que Sendero, debía movilizar a las masas, motivar la insurrección. Su abogado Manuel Fajardo no considera que se le pueda culpar por eso: «Cuando se realiza un genocidio, es absurdo culpar a la víctima por incitarlo. Se culpa al genocida directamente. Cuando ataca un violador, nadie denuncia a la víctima por incitarlo, ¿no?».

Efectivamente, los métodos policiales se volvieron en contra del estado peruano y contribuyeron a legitimar a Sendero Luminoso ante la población, al menos en esos primeros años, cuando su crecimiento en el campo fue más incontenible. Consciente de ello, en 1982, Guzmán ideó con habilidad dos espectaculares golpes de imagen.

El primero fue el asalto a la cárcel de Huamanga, que Guzmán planeó personalmente desde Lima. El objetivo del asalto era liberar a cincuenta presos senderistas encerrados ahí. El camarada Gonzalo controló todos los detalles: organizó los piquetes de ataque 1, ataque 2, contención y retirada; indicó en qué casas debían apostarse los francotiradores y por dónde debía llegar el camión que recogería a los liberados. Finalmente, dio orden a los presos de amotinarse para preparar el ataque.

El 28 de febrero, treinta y tres senderistas abrieron fuego contra la cárcel. La policía respondió, pero tenía problemas para contener a los de dentro. Cuatro atacantes murieron y dos quedaron heridos. Aun así, era posible la fuga.

Pero el camión de rescate nunca llegó. La operación tuvo que abortar.

En su libro *Muerte en el Pentagonito*, el periodista Ricardo Uceda narra la rabiosa reacción de Guzmán ante el fracaso del rescate; la cólera de Gonzalo fue transmitida a los responsables, a quienes culpó de graves desviaciones. El partido estaba a pocos días de una reunión decisiva, la II Conferencia Nacional, que debía inaugurarse celebrando la liberación del principal contingente de prisioneros. Ahora ocurriría lo contrario; el partido iba a quedar en ridículo ante el país y la dirigencia ante los militantes.

Por teléfono, Guzmán ordenó repetir el ataque. El mismo plan.

De inmediato.

Pero antes, el camarada César, mando militar de la operación, debía autocriticarse por el fracaso. Según Uceda, el problema no podía ser la falta de vehículos, la impericia del encargado, un imprevisto. No. El problema, concluyeron los senderistas, era que César desconfiaba del plan. Lo consideraba muy audaz, militarista. Esto era común en las discusiones senderistas; los problemas siempre eran de naturaleza política y nunca surgían por otras causas. Para Sendero Luminoso, nada era imposible si había voluntad.

Repetir el ataque tan rápido parecía un suicidio. Pero Guzmán no cejó en su orden. Lo increíble es que resultó que, el 3 de marzo, en media hora y con solo seis fusiles, seis carabinas y quince pistolas ametralladoras, los senderistas liberaron a setenta y ocho de sus compañeros y mataron a dos guardias. A solo cuatro kilómetros de ahí había una base militar, y más de doscientos policías custodiaban la ciudad. Pero solo siete de ellos protegían la cárcel. A nadie, ni siquiera a los presos senderistas, se les había ocurrido que volverían a atacar tan rápido.

Tras el asalto, la policía se sintió humillada y perdió los papeles. Entre los subalternos se exigía venganza. El informe de la Comisión de la Verdad narra la revancha que se cobraron: «Luego del asalto, en un acto de venganza ante la derrota, un grupo de guardias republicanos ingresaron al hospital y sacaron a rastras a los miembros de Sendero Luminoso que habían resultado heridos en la cárcel días antes. Una vez en la calle, asesinaron a balazos a Carlos Alcántara Chávez, a Russell Wensjoe y a Vicente Amílcar Urbay Ovalle. También intentaron asesinar a Eucario Najarro Jáuregui, pero este sobrevivió al estrangulamiento».

Esos asesinatos fueron un torpe error. En un día, los policías pasaron de víctimas a canallas. Y la prensa de izquierda se cebó con ellos. Ahora, para la opinión pública, los senderistas eran héroes audaces. Y los agentes policiales, cobardes asesinos.

Con los liberados de la cárcel se formó la primera compañía militar senderista que, solo en julio, realizó treinta y cuatro atentados. Y comenzó una estrategia de provocación contra la desmoralizada policía. Los senderistas fueron atacando puestos policiales cada vez más importantes para robar revólveres y fusiles. Sus métodos eran desesperados; en Tambo, por ejemplo, arrojaron ácido a la cara de los guardias. Hasta que, el 22 de agosto, tomaron el puesto de Vilcashuamán dejando tras de sí a siete policías muertos.

El segundo golpe de imagen llegaría semanas después, en el funeral de la primera mártir senderista, Edith Lagos, una mujer menuda y valiente recién llegada a la mayoría de edad. Edith había tratado de robar una camioneta para aprender a conducir, pero los conductores eran policías de paisano que respondieron con fuego. En el tiroteo posterior, Edith cayó.

Edith era de una familia conocida en Ayacucho, y su padre le pidió al obispo auxiliar que oficiase la misa del entierro. Ayacucho es un pueblo muy religioso, y Guzmán lo planeó todo de modo que se cruzasen los símbolos católicos con los comunistas.

El cadáver demoró varios días en llegar, creando el suspenso de saber si las autoridades permitirían el entierro. El día en cuestión, el ataúd salió de la iglesia envuelto en una bandera roja con la hoz y el martillo y custodiado por militantes armados. Pero no fue directamente al cementerio, sino que dobló hacia la plaza de Armas. Desde ahí lo acompañaron a la sepultura diez mil personas. Fue un desafío a la policía, que se replegó en sus cuarteles para evitar enfrentamientos con la población.

Algunos testigos elevan la cifra de asistentes a veinte mil.

Otros aseguran que Guzmán estaba entre ellos.

El funeral de Edith Lagos confirmó la impresión de que la policía era incapaz de mantener el orden. Para empeorar las cosas, el 3 de diciembre, cumpleaños del Presidente Gonzalo, el homenajeado decidió oficializar el nacimiento del Ejército Guerrillero Popular. Se celebró con un apagón.

Solo quedaba una alternativa para el estado, precisamente la que el gobierno civil quería evitar. En los días finales de ese año, el presidente Belaúnde encargaría a las fuerzas armadas que tomasen Ayacucho.

Guzmán deseaba que ingresasen los militares, lo que para él implicaba que el estado negase «su cacareada reconquista democrática». Más tarde, reivindicaría su entrada como un triunfo: «Si ingresaron, fue porque creamos Poder Popular ... Si no lo hubiéramos hecho aplicando a rajatabla lo que dice el Presidente Mao Zedong, aún estaríamos sentados esperando que las fuerzas armadas ingresaran».

La estrategia del ejército nunca fue un secreto. El general Luis Cisneros, ministro de Defensa, anunció desde el principio en la Cámara de Diputados que su intervención implicaría una matanza indiscriminada. Según detalló en una entrevista, «al subversivo que tiene el fusil en las manos hay que eliminarlo, pero también hay que preguntarse: ¿dónde estaba ese subversivo antes de tomar el fusil? ¿En el colegio, trabajando, desempleado, en una comunidad campesina? Si no actuamos sobre esos otros núcleos, solo esperamos que venga la nueva promoción de subversivos». A Cisneros lo apodaban El Gaucho, porque había hecho su carrera en la Argentina de Videla.

Como método para conseguir información se instituyó la tortura. Un soldado que trabajó en operaciones contrasubversivas ha enumerado sus diversas técnicas para un informe de la Coordinadora Nacional de Derechos Humanos:

1. «La parrilla.» Consistía en colocar al sospechoso en un somier de cama metálico al que se había conectado cables de electricidad. Se ataba al sospechoso con alambre al somier y se le rociaba agua, dándole descargas eléctricas.

2. «El submarino.» Consistía en introducir al sospechoso en un cilindro de agua con los pies y manos atados y en la posición de cabeza a tierra.

3. «El trapo.» Consistía en colocar al capturado de cúbito dorsal atado de pies y manos. Se le tapaba la cabeza con una toalla mojada y se le rociaba agua hasta semiahogarlo.

4. «El palo.» Consistía en introducir un palo por el recto del detenido y, si era mujer, por ambos lados (recto y vagina).

5. «Pelotera.» Consistía en tender en el suelo, amarrado, al capturado y hacerlo colgar por lo menos de 10 soldados (sic) hasta que perdía el conocimiento.

6. «La colgada.» Consistía en hacer suspendidos (sic) de los antebrazos o muñecas, amarrándoles toallas a éstas para que no quedasen huellas.

7. «Magneto.» Electricidad a testículos.

Ahora, la guerra de verdad había comenzado.

A un chico llamado Arquímedes Ascarza, por ejemplo, se lo llevaron durante la madrugada del 2 de julio de 1983. Su madre, una campesina quechuahablante llamada Angélica Mendoza, recuerda que fueron unos treinta hombres armados con fusiles y ametralladoras, algunos vestidos de uniforme, otros de civil. Bajaron de dos camiones militares y casi tumban la puerta a golpes. A la familia también la golpearon y amenazaron mientras registraban —o, más bien, destruían— la casa en busca de algo, nunca supieron el qué. Solo encontraron a Arquímedes descalzo y en ropa de dormir. Lo sacaron a rastras y carajos.

Sobreponiéndose a los cañones que le apuntaban a la cara, su madre se prendió de Arquímedes con uñas y dientes. A ella también la arrastraron hasta el camión y luego la patearon para que lo soltase. Doña Angélica llamó a gritos a su vecino Eutemio, que era policía, pero él no salió de su casa. Desde el camión, Arquímedes le pidió a su madre que lo recogiese a la mañana siguiente en el cuartel. Ésa fue la última vez que doña Angélica vio a su hijo. El chico tenía diecinueve años y quería ser policía.

Horas después del secuestro empezaría la trágica odisea de doña Angélica por los cuarteles y comisarías de Ayacucho. El ejército dijo que no sabía nada, que tal vez la Guardia Republicana, pero los republicanos la enviaron a la Guardia Civil, quienes sugirieron que tal vez la Policía de Investigaciones. En todas partes la respuesta fue siempre igual: «No sabemos, mamita, no sabemos nada».

Nada.

Dos semanas después, un sospechoso de terrorismo liberado de la base militar de Los Cabitos le llevó a doña Angélica una carta de su hijo. La letra era temblorosa pero alcanzaba para saber que estaba vivo. Arquímedes le contaba que lo torturaban, y que si se quejaba, lo callaban y lo torturaban más. Su compañero de celda dijo que una mujer, harta del tormento, aseguró que Arquímedes era terrorista. Lo último que supo su compañero fue que se lo llevaron en un helicóptero.

Enloquecida por la desesperación, doña Angélica empezó a conocer las quebradas donde echaban a los muertos: Puracuti, Paycochallocc, Huascahura. Algunas de ellas estaban vigiladas. Recibió amenazas de muerte pero ya no le importaba. Respondía:

«Si me quieres matar, mátame, pero primero dime dónde está mi hijo». Nerviosos, los soldados la insultaban, la empujaban, la sacaban de las quebradas; ella los insultaba de vuelta y se disputaba los cadáveres con los perros y los cerdos. Solo quería saber si estaba ahí Arquímedes, lo único que necesitaba era la prueba final.

Ningún soldado pudo dispararle nunca. Muchas veces ni siquiera hallaba resistencia. En una ocasión, en el cementerio de Quinua, la policía desenterró quince cuerpos para que ella los reconociese. «Ninguno es tu hijo —le dijeron—, a éstos los ha traído la Marina de Esccana.» Uno por uno, doña Angélica reconoció a un profesor de San Miguel y a toda su clase. En efecto, ninguno de ellos era su hijo. Antes de irse, los policías le dijeron: «Tú eres madre, todos tenemos madre. Ruega por nosotros, por favor, para que no nos pase nada».

Durante su travesía, doña Angélica descubrió que otras personas también buscaban a sus hijos, a sus padres, a sus hermanos o parejas. Una sombría caravana se iba sumando a sus caminatas angustiosas. Cuando ya eran alrededor de treinta, empezaron a recibir amenazas. La mayoría abandonó el grupo. Doña Angélica no cejó. Viajó a Lima con un pequeño grupo a dormir bajo los árboles frente al Ministerio de Justicia. Finalmente, consiguieron que un fiscal las acompañase a algunas de las fosas comunes. Pero cuando llegaron, los cadáveres ya no tenían cabezas o tenían el rostro pintado. El odio contra estos abusos produjo más senderistas que los que eliminó. Y a los abusos oficiales se sumaban los extraoficiales. El capitán Ollanta Humala estuvo destacado en la zona de emergencia y opina que «ahí debían haber ido los mejores soldados para resolver el problema. Pero, en cambio, era destino de castigo. El comando enviaba precisamente a los más irresponsables y peligrosos, o a aquellos con quienes tenían algún problema personal».

Humala recuerda que una vez persiguió a dos senderistas que al final resultaron ser militares. «Se hacían pasar por terroristas para robar y delinquir.» Por cierto, en el año 2006, después de participar en las elecciones, al capitán Humala también se le abrió un proceso judicial por atentados contra los derechos humanos.

Guzmán había planteado una guerra política, y las fuerzas armadas solo sabían de estrategia militar. Y a veces ni eso, porque también tenían miedo. Como ni siquiera veían al enemigo, mataban a ciegas, se desmoralizaban, actuaban erráticamente. Y le daban argumentos políticos a Sendero. Así, cada vez que querían golpearlo, lo alimentaban.

Ahora bien, Sendero tampoco era un algodoncito de azúcar.

En marzo de 1983, los pobladores de Lucanamarca, una aldea a 4.000 metros sobre el nivel del mar, estaban cansados de Sendero Luminoso. Con el fin de interrumpir el suministro de alimentos a la ciudad, Sendero había prohibido las ferias de venta y cortado los circuitos de comercio andinos, obligando a los campesinos a cultivar solo para la autosubsistencia. Sintiéndose respaldados por la presencia militar cercana, los campesinos se atrevieron a matar a dos mandos senderistas. Lo hicieron con sus propias manos.

La respuesta senderista fue la masacre de 69 personas. Para no desperdiciar balas, el trabajo se hizo con machetes y piedras. Muchos de los campesinos demoraron en morir. Y no todos los senderistas eran lo suficientemente diestros. En algunos cadáveres se hallaron cerca de cien heridas de machete.

En la entrevista de 1988, Guzmán reivindica su autoría personal de la matanza: «Frente al uso de mesnadas y la acción militar reaccionaria respondimos contundentemente con una acción: Lucanamarca; ni ellos ni nosotros la olvidamos, claro, porque ahí vieron una respuesta que no se imaginaron, ahí fueron aniquilados más de 80... hubo exceso, pero toda cosa en la vida tiene dos aspectos: nuestro problema era un golpe contundente para sofrenarlos, para hacerles comprender que la cosa no era tan fácil; en algunas ocasiones, como en ésa, fue la propia Dirección Central la que planificó la acción y dispuso las cosas, así ha sido».

El jefe militar de Sendero Luminoso, el camarada Feliciano, confirma en su testimonio que la masacre fue orden directa de Guzmán. Feliciano asegura que trató de evitarlo y sugirió que cargasen contra los militares y no contra los campesinos. Pero la dirección fue inflexible. Como siempre, el objetivo principal era político: forzar la toma de posición de los campesinos, exacerbar las hostilidades, radicalizar las posiciones. El método, en el lenguaje del partido, era «Batir. Batir es arrasar. Y arrasar es no dejar nada». Con esa táctica, llegaba un momento en que era difícil distinguir objetivos políticos de víctimas inocentes. El analista Raúl González pudo conversar en esos años con un cuadro militar senderista que había sido capturado: «Yo podía entender que los senderistas matasen autoridades del estado. El estado era su enemigo. Pero no entendía que aniquilasen campesinos. No solo en Lucanamarca, sino en muchos otros pueblos. Era una práctica común. Le pregunté al senderista por qué lo hacían. Él contestó que eso era un aporte de Gonzalo al pensamiento Mao Zedong. En su opinión, durante la larga marcha Mao se había equivocado al dejar con vida a la burguesía campesina. Según él, ahí estaban los futuros Deng Xiaopings, ahí estaban los revisionistas del futuro los traidores. Pero lo que él llamaba burguesía campesina eran campesinos sin agua ni luz, que apenas tenían unos cultivos propios o un costal de arroz. Ésos eran sus burgueses».

Cuando las fuerzas armadas trataron de restablecer el estado, Guzmán ordenó un sangriento contrarrestablecimiento precisamente en las poblaciones cercanas a bases militares. La Comisión de la Verdad explica que esa orden «aumentó drásticamente la espiral de la violencia a través de arrasamientos mutuos. Curiosamente, para Guzmán esta particularidad era considerada como "aporte creador" al pensamiento militar revolucionario».

Incluso el camarada Feliciano reconoce que Guzmán «ha mandado a la gente al matadero, pues era cuestión de que los militares pusieran puntos estratégicos y nos jodieran las bases, se acabó, mandó a la masa al diablo».

En 1983, la comisión reporta «103 muertos y desaparecidos a cargo de las fuerzas del orden solo en Huanta ... El mismo año, en la provincia de Huamanga, que estaba en manos del Ejército Peruano, ocurrieron las masacres de Acocro, Chiara y Socos, donde los sinchis mataron a 37 personas, por mencionar solo las más graves». Sendero no se quedaba atrás. En Uchuraccay exterminaron a 135 personas, la tercera parte de la población total.

Ese año y el siguiente, las provincias del norte ayacuchano sufrieron 6.342 muertes de uno y otro lado. Y yo volví al Perú.

Papá decía que ahora había una democracia.

6

La cuarta espada del comunismo

Lima aún no era tan violenta en esos años. Al menos no toda. En los alrededores de la ciudad había barrios enteros tomados, pero en las zonas de clase media, Sendero dejaba sentir su presencia sobre todo mediante apagones.

Siempre había que tener velas en casa. Los apagones de Navidad y Año Nuevo eran fijos. También los del día del Ejército Guerrillero Popular, que coincidía con el cumpleaños de Guzmán, el día de la Heroicidad y el aniversario de la toma del penal de Huamanga. Lo único puntual en Lima eran los apagones a medianoche.

De eso se ocupaba Laura Zambrano, camarada René, que dirigía el Comité Regional Metropolitano. Bajo sus órdenes, y con la ayuda de cócteles molotov, bombas caseras y después explosivos plásticos, Sendero volaba cada vez más torres de alta tensión: 5 en 1980, 9 en 1981, 21 en 1982, 65 en 1983, 40 en 1984 y 107 en 1985. Además, Zambrano organizaba comités para pequeños incendios o acciones de propaganda, y destacamentos especiales dedicados a aniquilamientos, sabotajes, infiltración de fuerzas armadas o policiales y reclutamiento en universidades. Pero lo más impactante eran los apagones, al menos en términos de propaganda.

La táctica de Zambrano era hostigar para mostrar poder. Oscurecer la ciudad era una manera de atemorizar a la población, de hacernos sentir que estaban cerca. A veces encendían hoces y martillos de fuego en los cerros alrededor de la ciudad. También convocaban paros armados. Si salías de tu casa, era bajo tu cuenta y riesgo. En uno de los paros, a una amiga le estalló una bomba a pocos metros mientras iba a clase. El director de su colegio había decidido no ceder al chantaje de Sendero y desacatar el paro. Ella salió indemne, pero el director se sigue arrepintiendo de su decisión, y de lo que pudo haber causado.

Por supuesto, estaba fuera de cuestión salir de la ciudad. Ni hablar de meterse en ninguna carretera. Sendero ponía retenes. Y se anunciaba en todas las paredes que podía. Sus pintadas rojas se estampaban en edificios públicos y privados, en autopistas, en cerros: «El partido tiene mil ojos y mil oídos», «Viva el cerco de las ciudades», «La patria es el lugar que construiremos con nuestro trabajo». Sendero era un silencio manchado en las paredes, pesado e invisible.

A todo esto, Abimael vivía en el pacífico distrito de Surco, en las inmediaciones del Ministerio de Defensa, una zona residencial tradicionalmente habitada por militares. Conforme su protección se fue volviendo más complicada, su equipo de seguridad optó por casas grandes con garaje, que se pudieran abandonar en coche sin necesidad de pisar la calle. Era necesario que estuviesen amuebladas y, de preferencia, que los propietarios radicasen fuera de Lima. Debían estar localizadas en barrios con poca circulación de vehículos y personas. Los únicos domicilios que cumplían todos los requisitos eran propiedad de militares destacados a alguna provincia que necesitaban alquilar sus inmuebles con rapidez y seguridad.

A veces, Guzmán se desplazaba a alguna reunión, con las camaradas Norah o Miriam al volante. Según su hermano, llegó a visitar a su madrastra por su cumpleaños o en algún día de la Madre, pero las fuentes senderistas lo niegan, aunque admiten que alguna vez llamó a su familia por teléfono. Para salir a la calle usaba una peluca y un documento de identidad con el nombre de José Cervantes Torres, pero guardaba en un cajón más de cincuenta documentos en blanco para cambiar de nombre a voluntad.

En ocasiones especiales llegaba a salir de Lima para encontrarse con jefes locales de Sendero en Cañete o Chincha. Durante uno de esos recorridos el auto sufrió un pinchazo. Un patrullero se acercó a ayudarlos. Los policías cambiaron la llanta y Guzmán en persona les dio las gracias. A ellos les pareció un señor muy decente. Otra vez, los detuvieron por exceso de velocidad, pero el guardia se contentó con un pequeño soborno y los dejó ir.

Quizá, a los guardias ni se les ocurría que Guzmán estaba vivo. Conforme la guerra avanzaba, el Presidente Gonzalo se iba convirtiendo en un mito. La policía lo buscaba en la sierra o en los barrios populares que rodeaban la capital, y corrían rumores de que había muerto o se había fugado del país. Una asociación de empresarios ofrecía un millón de dólares por su captura, pero nadie tenía información relevante. En el campo circulaba la leyenda de que, cuando se veía rodeado, Gonzalo se convertía en pájaro, en serpiente, en piedra. Había versiones de Gonzalo para todos los gustos.

En la realidad, Gonzalo vivía en un mundo más pequeño del que todos imaginaban. Solía levantarse a las seis de la mañana con las noticias de la radio. Entre ocho y diez leía todos los periódicos, y después leía libros, marxistas o no, para preparar documentos del partido. Era un obsesivo subrayador de lo que leía, y en muchos de sus libros y diarios hay más partes interlineadas que en blanco. A mediodía bebía un jugo de naranja, pero solo se detenía a almorzar a las tres. Continuaba leyendo entre cuatro y diez, hora de las noticias. Al acostarse a medianoche leía literatura. Le gustaban sobre todo las tragedias griegas, que también subrayaba en busca de citas ilustrativas.

De vez en cuando escuchaba música clásica o andina, y uno de sus guardianes recuerda haberle enseñado música de Siniestro Total y Santana. Llegaba a apreciar la guitarra latina del segundo, pero nunca le gustaron los primeros, a los que consideraba demasiado ruidosos. Más allá del arte, le entretenía cocinar. Recortaba recetas de los diarios y veía por la televisión el programa culinario de Teresa Ocampo. Los domingos ponía en práctica sus lecciones. Si recibía a dirigentes de la sierra, solía prepararles cebiche. Sus guardianes sufrían en esos casos, porque él hacía la lista de la compra dando órdenes precisas incluso sobre las medidas que debía tener el pescado.

Aún más meticuloso era para escribir. Entonces abandonaba todas las demás actividades y pasaba días sin leer, redactando instrucciones. Los planes de las campañas estaban minuciosamente descritos. Guzmán detallaba personalmente su preparación, inicio, desarrollo, remate y complemento, y luego seguía su cumplimiento, haciendo constar todo por escrito. Sus «obras completas» aún se conservan en el archivo de la Dirección Nacional contra el Terrorismo: treinta y nueve gruesos volúmenes en papel A4 a espacio simple.

Abimael estaba obsesionado con la Historia, con mayúsculas.

Registraba todo, escribía todo, pensando que serían documentos fundamentales en el futuro. En las reuniones del partido, el peor castigo para sus oponentes era prohibirles firmar las actas, porque eso los dejaba fuera de la Historia.

Los documentos del Comité Permanente, que Gonzalo presidía secundado por Norah y Miriam, se escribían con papel carbón en cuatro copias que luego iban bajando al Comité Central y a los organismos correspondientes. A los comités zonales y subzonales descendían solo las consignas principales, que se mandaban pintar como *graffitis* en las paredes de cada ciudad. Había muy pocas copias de cada documento, pero estaba prohibido hacer más. Una militante pretendió una vez reescribirlos para ponerlos en circulación, pero fue degradada porque en esa reescritura se podía colar su individualismo pequeñoburgués.

En efecto, aunque el partido tenía «mil ojos y mil oídos», debía hablar con una sola voz: la del camarada Gonzalo. Con este fin, Guzmán dedicó buena parte de la burocracia partidaria a entronizar y canonizar las líneas directrices de la lucha; en suma, sus ideas. En 1982, el partido empieza a referirse a la ideología de Guzmán como «pensamiento guía». En 1983, el camarada Gonzalo es ungido como el líder indiscutible de la aún inexistente república popular, presidente del partido y presidente de la comisión militar. Los senderistas empiezan hablar de él como Presidente Gonzalo. En 1984, por consecuencia lógica, se consagra el «pensamiento guía del Presidente Gonzalo». En 1988, el congreso del partido dice simplemente «pensamiento Gonzalo».

Guzmán trataba de imitar el proceso histórico de Mao Zedong: primero pensamiento guía, luego pensamiento Mao, el último paso era llamarlo maoísmo, a la altura del marxismo y el leninismo. «Ismo» significaba que las ideas no eran una aplicación de la doctrina a un país, sino que tenían validez de leyes universales. Guzmán siguió ese proceso esperando crear el «gonzalismo», y convertirse en la cuarta espada del comunismo mundial.

Según sus propias palabras, eso formaba parte de todo proceso revolucionario: «La revolución genera jefes y un jefe que deviene hasta símbolo de una revolución o de la revolución mundial... por ejemplo, los prisioneros de guerra en la Guerra Civil española reforzaban su optimismo viendo una imagen de Lenin...Y en nuestro Partido [la

Jefatura] se ha concretado en el Presidente Gonzalo». Guzmán consideraba que su designación no era arbitraria, sino que estaba regida por leyes históricas necesarias que encarnaban en una persona los avances de la humanidad. En el mismo texto, cita como ejemplos a Cervantes, Dante, Einstein y Newton. En el caso del partido, precisa: «La Jefatura se sustenta sobre un Pensamiento». El suyo.

De hecho, el principal trabajo internacional del Presidente Gonzalo era promover la imagen de Mao para preparar el terreno de la suya. Sendero era un movimiento completamente autárquico, que no dependía ni quería depender de la Unión Soviética, Cuba ni China. Pero en 1984, se afilió al Movimiento Revolucionario Internacional aportando una cuota mensual de 5.000 dólares. Para 1988, contaban ya con comités de apoyo en Suecia, Alemania, Bélgica e Inglaterra, y esperaban que el Partido Comunista de España asumiese a Mao como base ideológica y que el Partido Comunista Revolucionario de Estados Unidos aceptase el maoísmo tras años de llamarlo simplemente pensamiento Mao Zedong.

El culto a la personalidad no se limitaba a los documentos. Está registrado también en las artes plásticas senderistas, la mayoría de ellas expuestas en el museo privado de la Dirección Nacional contra el Terrorismo del Perú. Ahí, la policía guarda también las gafas de Guzmán, su sillón, los regalos que le enviaban los militantes, sus afiches, su biblioteca. Los policías usan ese museo para los cursos de contrasubversión. Alguna vez han pensando en abrirlo al público, pero no se han decidido. «No íbamos a abrirle a Abimael un santuario en plena escuela de la policía», me explica el oficial que me recibe.

De hecho, un simple recorrido turístico ya resulta un trabajo misterioso. El oficial recibe mi identificación personalmente y guarda en su bolsillo la carta del periódico que me autoriza. Escoge para enseñarme el museo un momento en que no hay nadie más. Me acompaña hasta la salida y no permite que lo grabe ni que transcriba sus declaraciones. Se limita a mostrarme objetos. Todo el tiempo tengo la impresión de que hay algo que me quiere decir y no me dice, como si yo no estuviera haciendo las preguntas correctas.

Las paredes del museo están cubiertas de banderas rojas y pinturas hechas, sobre todo, por los presos senderistas en ofrenda a su presidente. Guzmán suele aparecer en lo alto de una colina, dirigiendo a sus huestes revolucionarias en el asalto de la colina opuesta. Suele empuñar una bandera, a menudo desde el centro de un sol rojo que ilumina a los combatientes en lo alto del lienzo.

El rostro de Guzmán está inspirado siempre en el mismo retrato: una fotografía de Ayacucho de los años setenta, seleccionada con esos fines por el Comité de Propaganda. El Guzmán de esos retratos es delgado y juvenil, pero serio e intelectual. Su imagen no es la de un guerrillero sino la de un profesor. Lleva chaqueta y camisa, pero nunca corbata. Nunca empuña un arma. Siempre lleva un libro. En otras pinturas, los guerrilleros adoctrinan a los campesinos con un fusil en una mano y un libro en la otra. El título del libro es *Pensamiento Gonzalo*.

Entre las obras de arte senderistas destacan sus retablos, representaciones tradicionales de la vida en el campo hechas con muñequitos de madera. Solo que en vez de campesinos cultivando, los senderistas representan voladuras de torres de alta tensión. En vez de fiestas típicas, comités populares. En vez de la Semana Santa, la expulsión de los oportunistas de derecha. En uno de esos retablos, el Presidente Gonzalo aparece en el cielo, más allá del campo de batalla, como un ángel que desciende sobre sus guerreros.

Hasta hoy, en la página web senderista Sol Rojo, programada desde algún país europeo, se pueden ver las fotos de Marx, Lenin, Mao y, justo debajo, Guzmán. Es verdad que los líderes revolucionarios como Stalin y Mao promovieron el culto a la personalidad. Pero la diferencia es que ellos lo hicieron después de tomar el poder. Guzmán lo potenció desde antes, y todo parece indicar que perdió la perspectiva. Ya no discutía con los otros dirigentes, ya no escuchaba, ya ninguna voz podía competir con la suya.

A mediados de los años ochenta, Sendero Luminoso empezó a perder el campo.

Para el analista Raúl González, «las fuerzas armadas no se ganaron a los campesinos. Pero Sendero los perdió. Eran tan salvajes que les retiraron su apoyo. Empezaron a perder sus bases. Más adelante, conforme los militares recuperasen la confianza de los campesinos, esa pérdida se haría irreversible».

Eric Hobsbawm, en su libro *Revolucionarios*, explica lo que estaban perdiendo: «La principal reserva de una guerrilla no es militar, y sin ella está indefensa: debe tener la simpatía y el apoyo, activos y pasivos, de la población local».

Los mandos senderistas que estaban en el terreno comunicaron el retroceso político a la Dirección Central. Creían que había que cambiar de táctica. Pero la dirección no aceptaba fisuras. Los primeros en saberlo fueron Osmán Morote —camarada Nicolás, el viejo amigo de Guzmán desde los tiempos de la universidad— y Óscar Ramírez Durand —camarada Feliciano, el jefe militar de la organización.

A mediados de los años ochenta, tras la victoria electoral del APRA, Morote fue destacado a adoctrinar a los campesinos del Norte, un tradicional feudo aprista. Quizá por eso, porque el nuevo gobierno despertaba esperanzas, el adoctrinamiento no obtuvo resultados. El Norte es menos pobre y menos campesino que Ayacucho. Además, sus campesinos son más individualistas. Cuando Morote pidió más tiempo para convencer a la gente, Guzmán lo acusó de cobarde y le exigió medidas más drásticas: «Debemos trabajar con voluntad, firmeza y tenacidad indoblegable para hacer volar el plan del APRA... Volarle su plan o que comience a aplicar su genocidio allí también. Cuanto más volemos su plan, más aplicará genocidio».

Guzmán pensaba que la incitación al genocidio aceleraría la «derechización» del APRA. Quería que el estado aplicase una represión sangrienta como la que había dado resultados en la Sierra Sur. Pero había que provocarla con sangre. En esto lo apoyaba el resto del Comité Permanente: su esposa Augusta La Torre y su futura esposa Elena Iparraguirre. Augusta, en especial, había sido desde siempre la más entusiasta defensora de entronizar a Gonzalo y a su pensamiento.

Pero todos ellos estaban en Lima. Y los comités zonales estaban cada vez más descontentos con la Dirección Central. El camarada Feliciano habla con rabia de «Guzmán y sus dos mujeres». Para él, se habían desviado de la teoría maoísta: «Mao critica que se forme un clan, que en una misma estructura partidaria estén varios miembros de una familia. Esto es inconsecuente, [Guzmán] a sus dos parejas las junta allí y no va a haber ninguna crítica. Él establece un clan, un feudo».

Los documentos del partido registran que el Presidente Gonzalo respondió a sus detractores acusándolos de querer dividir al partido y exigiéndoles autocríticas. Para la Comisión de la Verdad, «Abimael Guzmán desarrolló, como siempre, la estrategia de empujar a los disidentes a una situación en que corrían el riesgo de que sus objeciones fueran declaradas la expresión de "contradicciones antagónicas", que amenazaban la subsistencia del partido y que podían dar lugar a sanciones extremas».

Para 1986, Guzmán ni siquiera acepta informes sobre la situación en el campo que no constaten el éxito «rotundo, notable y resonante» de sus campañas. Y critica: «Hay informes que tienen una opinión contraria, que presentan no un éxito sino una situación minimizada y hasta negra, negativa. Es el caso de N. en el Norte [Nicolás] y de H. en Cangallo [la zona de Feliciano], que expresan un criterio negativo; en el del Sur también hay una apreciación pesimista similar en Huancavelica, en ellos se expresa desconcierto y no saben cómo manejarlo».

Guzmán acusaba a los autores de esos informes de temer al APRA y querer capitular. Y advertía: «Sobre la capitulación, la norma es que no tenemos sanciones salvo en el caso de miembros del Comité Central, donde sí se sanciona drásticamente. Ahí a quien capitula se le aniquila».

En el libro *El hundimiento*, Joachim Fest muestra cómo un Adolfo Hitler acorralado en su búnker era incapaz de ver la realidad del frente de batalla. Inventaba ejércitos, esperaba rescates milagrosos de columnas inexistentes, exageraba sus mínimos avances como gloriosos despertares y destituía a sus generales por no hacer milagros. Quizá trataba de convencerlos de que no todo estaba perdido. Quizá trataba de convencerse a sí mismo.

Según la Comisión de la Verdad, Guzmán cometió exactamente ese error: «La ideologización extrema impide a los dirigentes del PCP-SL extraer enseñanzas para entender los errores de su estrategia. Luego de seis años de guerra, es posible explicar esta ceguera en la imposición de la dirección de Abimael Guzmán sobre otros dirigentes que presentaban informes e interpretaciones mucho más críticas, basados en la realidad de su situación orgánica de sus regiones o en sus aparatos». Quizá, un ejemplo más del marxismo entendido como fe religiosa: si la realidad se desvía de los principios ideológicos, peor para ella.

En 1988, para consagrar la estrategia y la línea ideológica definitivas, Sendero convocó al I Congreso del Partido Comunista, al que Guzmán dedicó un saludo pletórico. Para él, el congreso «incendia más nuestras almas, las eleva, las catapulta y el entusiasmo no puede ser sino bandera roja izada hasta el cielo, una bandera tremolante, una bandera plena de luz que ha de signar por décadas el proceso de la revolución peruana y así servir a la revolución mundial, así poner al tope las inmarcesibles banderas de Marx, Lenin y del presidente Mao, tres banderas de victoria...».

Para los asistentes, en sus sesenta años de fundación, el Partido Comunista no había tenido un congreso verdadero. Qué mejor momento para realizarlo que al abrigo de la guerra. Además, había decisiones de demasiada envergadura para una simple conferencia o reunión. Por ejemplo, evaluar el rango que debía tener Gonzalo. Algunos camaradas pensaban que entronizarlo implicaba distorsionar la doctrina maoísta. Otros temían que seguir por esa vía les hiciese perder más espacio en el campo y, sobre todo, pureza ideológica.

En las actas, dictadas por Guzmán en nombre del partido, no se detallan las críticas debatidas, pero sí la lista de dirigentes obligados a practicar lo que él llama «acuchillamiento»:

> Acuchillamiento implica acuchillamiento y definición frente al Partido, lo harán los siguientes camaradas: Nicolás [Osmán Morote], Juana, Sara, Augusto ... deberán destrozar sus posiciones, destrozarse entre ustedes mismos para que no haya rastro alguno de apandillamiento y definir su posición frente al Partido. El segundo, deslinde y toma de posición lo harán Feliciano [Óscar Ramírez Durand], Noemí y Arturo ... deberán deslindar entre ellos que no quede rastro alguno de convergencia posible, deshilachar sus criterios nefastos aquí vertidos y los sostenidos de tiempo atrás y terminarán tomando posición. Terminado ese momento deberá juzgarse por el Congreso.

Es posible deducir las críticas siguiendo las respuestas consignadas en acta. Una de ellas lo acusa de megalomanía, pero Guzmán se defiende haciendo notar que no se trata de vanidad personal. Por el contrario, pretender diferenciarlo a él del partido mismo es una desviación ideológica: «¿Quién ha iniciado la guerra popular en estas tierras? Solo el

Partido Comunista del Perú. Decir que el Presidente Gonzalo se autovalora es posición burguesa que centra en individuo. Sostener que los individuos hacen la historia es revisionismo».

Además, eso ya había quedado establecido: «Aprender del Presidente Gonzalo es un acuerdo de la II Conferencia Nacional, y se plantea que es decisivo para servir al pueblo de todo corazón».

Algún camarada considera que no es estratégicamente conveniente un excesivo culto a la personalidad centrado en Gonzalo. Pero eso es imperdonable, una «podrida posición jrushovista que se utiliza para combatir jefes y principalmente la Jefatura. En determinadas circunstancias hay que hablar mucho de Jefatura porque deviene símbolo de una revolución. Cree que los individuos buscan prestancia porque el ladrón cree que todos son de su condición».

Algunos no comprenden la necesidad de pasar del pensamiento guía al pensamiento Gonzalo. Su presidente se burla de ellos. Presume que en sus cabezas «ya no queda campito».

Debió haber discusión, porque Guzmán termina su análisis pidiendo un voto de confianza basado en sus logros: «No neguemos al Partido, a la Guerra Popular, al Nuevo Poder, no neguemos la perspectiva abierta, no neguemos el servicio a la revolución mundial, el Partido nunca tuvo el prestigio que tiene hoy, ni ha remecido al país, ni sembrado tan alto en el mundo sembrando esperanza para muchos. Seamos conscientes y no lancen fangos finiquitados».

El congreso juzgó que la línea de Guzmán era la correcta, pero quedó claro que serían necesarios algunos ajustes drásticos en el partido, y que algunos de los compañeros habían empezado a disentir peligrosamente.

Dos meses después, Osmán Morote fue descubierto y arrestado por la policía.

•••

La militante Clara, su vieja amiga, aún recuerda a Morote como «una de las personas más puras que he conocido. En los sesenta, Osmán no se atrevía siquiera a besar a una chica. Una amiga nuestra estaba enamorada de él, y él de ella. Pero era muy tímido. Una tarde les organizamos un corralito. Estábamos en mi casa algunos amigos, y todos nos fuimos a comprar algo de tomar para dejarlos solos. Tardamos horas. Al regresar, le preguntamos a ella: "¿Y? ¿Pasó algo?". Respondió: "Nada. Osmán solo me ha leído citas de Mao toda la tarde"».

Morote, en efecto, mostraba una convicción revolucionaria rayana en la ingenuidad. Al pasar a la clandestinidad, dejó a sus dos hijos pequeños con los campesinos para que ellos los criasen y educasen. Sin saber qué hacer, los campesinos devolvieron a los niños con sus abuelos. En 1991, los jóvenes Morote verían a su padre por primera vez al ser condenados por terrorismo y encerrados en la misma cárcel que él.

Carlos Tapia cree que los propios senderistas entregaron al camarada Nicolás: «Guzmán sabía que no era conveniente producir fracturas en el interior del partido destituyendo a sus miembros. Bastaba con enviar a sus oponentes a puestos lejanos pero importantes. Así, en 1984, el peor año de la guerra, envió a Feliciano herido de bala a pelear en Ayacucho, la peor zona de emergencia. En 1988, cuando tuvo que deshacerse de Morote, lo delató. Para él, eso era simplemente darle otra función en la dirección de la "luminosa trinchera de combate", que era el nombre que los senderistas daban a las cárceles».

Nunca se sabrá si Osmán Morote fue efectivamente entregado por los suyos. Pero al menos está claro que ya no era muy apreciado. Luis Arce Borja, director del periódico marxista que actuaba como vocero de Sendero Luminoso, publicó una crónica sobre la caída del dirigente Osmán Morote. Ese mismo día, sus fuentes en Sendero se pusieron en contacto para advertirle que había cometido un error: «Morote no es dirigente».

Semanas después, el mismo Arce Borja y otra periodista fueron conducidos con los ojos vendados a través de varias casas, cambiando de coche en cada parada para burlar la vigilancia policial. Era de noche cuando llegaron a la última casa. Ahí, detrás de una mesa con un mantel rojo, los esperaba Abimael Guzmán escoltado por su Comité Central. Todos estaban encapuchados menos él. Todos llevaban los trajes azules de las ocasiones especiales. Arce Borja intuía al ver las manos que algunos eran mujeres, pero nadie más que Guzmán habló durante las doce horas que duró la entrevista. Ni siquiera el mozo que llevaba café y cigarrillos pronunció una palabra. Al finalizar la entrevista, en un momento más informal, Arce Borja le preguntó a Guzmán qué había pasado con el dirigente Osmán Morote. Guzmán solo respondió: «Morote no es dirigente».

Después de eso, los periodistas fueron devueltos a sus oficinas con el mismo operativo de seguridad con que habían salido de ellas. Durante los siguientes ocho días, un solo redactor y un corrector trabajaron en la larguísima entrevista encerrados en el diario las veinticuatro horas y sin mencionárselo a ninguno de sus colegas.

Cuando estuvo lista, todos los directivos del diario la llevaron a la imprenta y exigieron que nadie entrase ni saliese de los talleres mientras se imprimía. La imprenta era de los curas salesianos, así que el gerente dijo que aceptaría esa condición si le aseguraban que no se trataba de un artículo contra el Papa. Por cierto, Guzmán sí habla del Papa en la entrevista. Considera que sus dos visitas al Perú «para bendecir las armas genocidas» son un signo de la relevancia internacional de Sendero Luminoso. Pero no lo insulta, en realidad.

La entrevista vendió 120.000 ejemplares. Se reimprimió al día siguiente y vendió 120.000 más. Al final de la semana hicieron una tercera tirada. Llevaban vendidas unos 20.000 cuando la policía confiscó las existencias de los diarios. De todos modos, era tarde. Todos los militantes, simpatizantes o incluso curiosos de Sendero Luminoso conocían ya los nuevos lineamientos de lucha establecidos en el I Congreso.

Guzmán había salido victorioso de todas las confrontaciones con el apoyo reverencial del Comité Permanente. Pero según parece, durante el congreso de 1988, la disidencia atravesó los muros de su cuartel y se alojó a su lado, en su propio lecho, en la otrora siempre fiel camarada Norah.

Solo hay una filmación de Augusta en vida, en una fiesta para celebrar la primera sesión del congreso. Los diecinueve miembros del Comité Central, con uniformes azules, festejan la ocasión posando uno por uno al lado del líder, y después por grupos: sucesivamente, el Comité Permanente, el Buró Político y la dirigencia en pleno. Los camaradas están visiblemente emocionados de inmortalizar su imagen junto a Guzmán.

Luego bailan. Los dirigentes convencen al Presidente de arriesgar algunos pasos. Él se resiste, pero termina por animarse. Entre las palmas, se empieza a escuchar un pedido insistente: «¡Que baile con Norita!». Augusta La Torre se acerca a su esposo y danzan. Él no tiene mucho ritmo, pero la camarada Norah está radiante. Su sonrisa ocupa el centro del cuadro, entre los ánimos y aplausos de los demás dirigentes.

El siguiente video del congreso es el de su funeral.

En los documentos del congreso no existen rastros de disidencia de Augusta La Torre. Pero en el video de su velorio hay detalles muy llamativos. El cadáver es velado bajo un cartel que dice «Honor y gloria a la camarada Norah», entre tres velas rojas y con un manto del mismo color, que domina la escena. Cuadros bordados con flores representan al partido y el frente, y preside la imagen la hoz y el martillo. La escena sufre un leve bochorno debido a una radio que transmite canciones pop. En todas sus reuniones, los senderistas ponían la radio alta para no despertar sospechas en los vecinos.

Asisten al velorio todos los miembros del Buró Político. En su solemne discurso, Guzmán reza: «Norah está aquí, ahora yacente. La pasión, el sentimiento, la razón, la voluntad, se agolpan para rendir honor a una camarada que aniquiló su propia vida antes de levantar la mano contra el partido», a pesar de su «lamentable confusión». Guzmán insiste una y otra vez en que Norah eliminó, entregó, ofreció su propia vida por el partido. Nunca explica qué confusión era ésa. En todo caso, en la siguiente sesión del congreso, una resolución la nombra «gran dirigente» y, una vez más, «ejemplo imperecedero de dar la vida por el partido y la revolución».

Para el partido, la versión oficial de su muerte fue una especie de suicidio. Aparentemente, Norah padecía una enfermedad, quizá cáncer, y solo podía curarse si abandonaba la clandestinidad con una identidad falsa y recibía tratamiento en el extranjero. Pero ella se negó a retirarse. Quiso seguir hasta el final, y eso hizo.

A pesar de esa explicación y de las solemnes exequias, Elvia Sanabria, camarada Juana, pidió que el partido formase una comisión para investigar la extraña muerte de Norah. En respuesta, la dirección la suspendió durante seis meses por insubordinación y le exigió una autocrítica. Una semana después del velorio, velaron las pertenencias de Norah siguiendo una tradición ayacuchana. También filmaron eso. Después no se habló más.

Elena Iparraguirre, hasta entonces número 3, reemplazaría a la heroína en el partido y también en el corazón de Abimael. La policía no cree en la tesis de la muerte heroica de Norah; más bien sugiere la tesis de un crimen pasional cometido por Elena, quizá con la complicidad de Abimael. Después de su captura, el comandante Benedicto Jiménez les preguntó a los dos cómo había muerto Augusta La Torre:

> Al preguntarles por separado, se contradijeron. Iparraguirre dijo que Norah tenía un problema cardiaco, y Guzmán dijo que se había caído de un segundo piso. Le dije a Guzmán que su compañera me había dicho otra cosa. Él respondió que eso no era posible y cambió de tema. Quisimos saber más. Teníamos cómo hacerlo. En la celda, les permitíamos dormir juntos para grabarlos. Por la noche, Guzmán le dijo a Elena: «Me han preguntado por la camarada Norah». Elena no respondió. Guzmán continuó: «Hemos tenido contradicciones». Elena guardó silencio. Guzmán dijo finalmente: «No podemos contradecirnos». Ella solo respondió entonces: «No podemos contradecirnos» ... Eso fue todo.

En la casa en que fueron capturados, la policía encontró documentos que revelaban dónde estaba enterrada Augusta. Cuenta Jiménez:

> Íbamos a desenterrarla y quizá habríamos podido hacer una autopsia. Pero entonces alguien dijo: «¿Y qué hacemos con el cadáver? ¿Dónde lo ponemos? Sea donde sea, lo convertiremos en un santuario senderista». Deliberadamente, tardamos dos meses en intervenir la casa en que estaba su sepultura. Cuando finalmente lo hicimos, solo encontramos los rastros de su exhumación en el jardín.

7

La nueva estrategia

Nancy Obregón no es el tipo de chica con quien quieres tener una pelea. Sabe usar armas y bloquear carreteras. En su última aparición televisiva, el periodista, más que entrevistarla, la ha regañado: narcotraficante, incivilizada, mentirosa, fueron algunos de sus amables epítetos. Muchas voces en el gobierno la acusan, además, de haber estado aliada con Sendero Luminoso. Y hace dos días, fue portada de un diario al afirmar que el jefe de Inteligencia Vladimiro Montesinos visitaba frecuentemente su zona cocalera durante el gobierno de Alberto Fujimori.

Nancy me recibe en el mercado de Santa Anita, en las afueras de Lima, donde casi tres mil campesinos productores de hoja de coca celebran su congreso nacional. Aunque no preside la asociación, lleva de momento la voz cantante, porque su secretario general está preso. Durante el congreso, duerme en el mercado, y me recibe junto a un corral de cabras y llamas. En un puesto mal provisto, tomamos una Coca Cola que tengo que invitar yo. Para ser honestos, si es una mafiosa forrada con el dinero de las drogas, lo disimula bastante bien.

Ella creció cerca de aquí, en los barrios populares de Lima, donde su familia criaba cerdos. A finales de los ochenta, la economía familiar se complicó cada vez más, hasta que sus padres decidieron volver a sus lugares de origen. «Aquí vivíamos en la extrema pobreza, sin posibilidades de educación ni superación. Mis padres son campesinos de la selva, donde la familia al menos podía trabajar junta cultivando para comer todos. Así que se regresaron allá.»

La joven Nancy se quedó en Lima porque tenía un trabajo en la Fuerza Aérea Peruana. Y un esposo. Pero visitaba a su familia con frecuencia. Así conoció de cerca la selva. A finales de los ochenta, la provincia selvática de Tocache era un lugar en que «moría gente en cada esquina. En Tocache, tú no podías mirar a la cara a un narco. Y todos eran narcos armados. Todas las noches había fiestas y todas las noches había muertos. Asaltaban a la gente, violaban a las mujeres y controlaban a la policía, que protegía sus negocios».

Según Nancy, los traficantes pagaban 30.000 dólares por cada vuelo con coca que salía de Tocache. Y salían diez vuelos al día. Una parte de ese dinero era para la policía, otra parte se la quedaban los municipios. «El primer piso de la Municipalidad Provincial de Tocache, por ejemplo, fue construido con dinero del narcotráfico.»

Un día, de visita en la zona, Nancy salió a pasear con su esposo por el monte y encontró gente armada que los llamaba «camaradas». No era necesario ser un especialista para reconocer a las columnas de Sendero Luminoso, que comenzaban sus incursiones en la zona. Nancy y su esposo se estremecieron: ella era militar y él era policía. «Habíamos oído hablar de Sendero, pero nunca los habíamos visto. Sin embargo, nos sorprendió lo corteses y educados que eran. Gente preparada, universitaria, algunos blanquitos como tú. Empezaban a acercarse a los pueblos más violentos y más golpeados por la mafia. Ahí, Sendero empezó a matar a los sicarios, quitó a las prostitutas, limpió Tocache y declaró una guerra frontal a la mafia. Y la gente empezó a respaldarlos. Se habla de narcoterrorismo, de vínculos entre Sendero y traficantes. Pero Sendero jamás apoyó a los narcos. El ejército y la policía, ellos sí los defendían. Hasta cuidaban sus casas.»

La vida en Tocache era la cuerda floja: o caías para un lado o caías para el otro. Aunque eran miembros de las fuerzas del orden, Nancy y su esposo no podían informar a sus comandos en Lima de lo que ocurría en la selva. En primer lugar, no podían denunciar que los suyos se comportaban peor que los subversivos. En segundo lugar, temían que los oyesen infiltrados senderistas:

«Parece mentira, pero si decíamos algo en Lima se sabía en la selva de inmediato. Y en la selva estaban nuestras familias. Si contábamos lo que ocurría, las meteríamos en problemas con Sendero». En un país aún remecido por el recuerdo de la guerra, es muy osado decir algo así. Nancy insiste en que es necesario hablar con la verdad y ser claros. Paradójicamente, su relación con las fuerzas armadas es el único punto en el que no responde tan directamente:

—¿Qué función cumplía en la Fuerza Aérea?

—Era enfermera.

—¿Recibió adiestramiento militar?

—Me inscribí en todo tipo de cursos, yo quería ser fuerte, quería aprender.

—¿Aprendió a usar armas? Nancy se ríe.

—Sí, en las competencias era de las mejores en tiro al blanco. Tengo muy buena puntería.

—¿Participó en algún tipo de enfrentamiento armado?

—... Prefiero no comentar de eso.

Nancy temía que en Tocache se enterasen de que era militar. Los senderistas podían tomar represalias contra sus hermanos. Durante un tiempo, pudo mantener esa doble vida. Pero los senderistas sospechaban. Hasta que, en una de sus visitas al pueblo, durante una fiesta, alguien le robó la mochila. Llevaba dentro el carné militar. No se le ocurrió que fuese un hurto casual. Al contrario. «Aquí me muero», pensó.

Los senderistas encontraron el carné. Su primera decisión fue aniquilar a Nancy. Pero la defendió un amigo de ella respetado entre los guerrilleros: «Les dijo a los senderistas que yo no era lo que ellos pensaban, que yo no era una soplona. En esa zona, lo importante es la palabra, que es lo único que uno puede empeñar. Y le creyeron. Pero después de ese episodio, mi marido y yo pensamos que no podíamos arriesgar así la vida de nuestra familia. Los senderistas ya sospechaban que él era policía. Así que abandonamos el servicio y nos vinimos a Tocache definitivamente, para tranquilizarlos. Eso fue retar a la muerte».

Por esos años, Lima empezó a convertirse en un escenario más cruento. Lo recuerdo bien porque, en la época en que Sendero Luminoso celebró su primer congreso, yo tuve mi primera novia.

Sendero era un problema sexual para mí. Mi chica y yo íbamos al cine, y la proyección se cortaba por apagón. Cuando salíamos a algún bar por la noche, a veces regresábamos a casa a través de un barrio oscuro recorrido por patrullas militares. No debíamos salir demasiado, porque éramos menores de edad. Se decía que, si no tenías documentos, los soldados te mandaban a un cuartel a hacer el servicio militar.

En general, era bueno evitar los cuarteles. Tenían carteles de «Prohibido estacionar, hay orden de disparar». Si por alguna razón debías ir a uno, sabías que la primera reacción de los guardias sería apuntarte a la cabeza con fusiles hasta que te identificaras.

Fuimos acostumbrándonos, pero salir con una chica era imposible. Mamá quería saber dónde estaba yo las veinticuatro horas del día. Y yo estaba tratando de ser un adolescente. Una noche me quedé fuera hasta muy tarde sin dar noticias. Estábamos con unos amigos de mi chica que tenían dieciocho años, y yo no quería ser el primero en irme de la discoteca. Resistí hasta el final. Como a las tres, volví a casa. Mamá estaba llorando. Habían cometido un atentado en alguna parte. Nada más entrar, mamá me dio una bofetada, por el susto que le había hecho pasar.

Papá lo llevaba con más calma. En esa época estaba casado con una mujer belga que llevaba poco tiempo en el Perú. Una noche, mientras papá y yo jugábamos al ajedrez, sonó una bomba en algún lugar. Por las noches, el fin de Lima desde mi ventana era solo una mancha negra que emitía sonidos de explosiones. La esposa de papá se asustó:

—¿Qué fue eso?

Nadie le respondió. Yo estaba en jaque. La mujer debió preguntar varias veces hasta que yo la escuché, más enfadada ya que alarmada:

—¿Qué fue eso? ¿Una bomba? Papá respondió de mala gana:

—Sí, una bomba. Ahora, ¿nos dejas jugar?

El ajedrez era un juego frecuente, porque se podía jugar sin salir de casa y era gratis. Además, era un reto intelectual. En el ajedrez no hay azar. Dependes de lo que puedes hacer, y todo lo que hagas es visible. Como en la guerra.

Mi padre siempre jugaba con un sistema clásico, la apertura italiana. Estratégicamente, la apertura italiana es muy maoísta. Comienza sacando los caballos y los alfiles, débiles pero rápidos, en un terreno poblado de piezas, donde se mueven con fluidez. Ellos van rapiñando el terreno, mordisqueando aquí y allá, tratando de abrir líneas estratégicas. Como una guerrilla.

Cuando ya hay líneas militares seguras, se llega al momento que Mao llama «el equilibrio estratégico». Las fuerzas de los contendientes están igualadas, y es el momento de atacar. Salen de la retaguardia las columnas armadas, que en ajedrez son las torres, y atacan de frente a unas defensas desmoralizadas y menguantes. A veces se pueden sacrificar piezas por una posición. Lo importante no es tener más piezas, sino saber usar las del enemigo en su contra.

Papá no cambiaba nunca de apertura, pero Abimael Guzmán había entendido que la estrategia clásica no serviría en todo el país. De hecho, los intentos senderistas por ir más allá de la Sierra Central se habían topado con una pared. Sin embargo, para él aún existía una salida, una jugada arriesgada: Mao había articulado su ejército revolucionario a partir de la invasión japonesa, porque un enemigo exterior crea una resistencia inmediata. El único enemigo exterior que podía servir para eso en el Perú era Estados Unidos.

El propio Guzmán expresó la conveniencia de un Vietnam en su entrevista de 1988: «Hace tiempo decidimos en el Comité Central que cualquiera que sea el enemigo que venga a hollar estas tierras, lo enfrentaremos y lo derrotaremos; en esas circunstancias cambiaría la contradicción, entraría a desenvolverse como principal la contradicción nación-imperialismo, y eso nos daría más amplios márgenes para aglutinar a nuestro pueblo».

Para atraer la atención internacional, había que concentrar acciones en la capital. Los atentados en Lima recibían un eco mucho mayor que las acciones en el campo, que carecía de medios de prensa y cajas de resonancia. Su impacto era tan fuerte que los propios militares se mostraban pesimistas. El general Sinesio Jarama declaró: «Estamos perdiendo la guerra», y otro general en retiro, Edgardo Mercado Jarrín, anunció que «el cerco a las ciudades avanza».

No obstante, la estrategia de cercar las ciudades forzaba la sagrada línea ideológica maoísta. Abimael necesitaba consagrar su pensamiento como guía absoluta, para liberarse del dogma de la lucha exclusivamente campesina: «El centro está en el campo pero para la insurrección se cambia el centro, el centro pasa a ser la ciudad ... Pensamos que nuestra acción en las ciudades es indispensable y tiene que impulsarse cada vez más y más porque ahí está concentrado el proletariado y no podemos dejarlo en manos del revisionismo ni del oportunismo».

Además de la ciudad, había un escenario perfecto donde provocar la invasión del enemigo: el Alto Huallaga, la selva montañosa con el mayor cultivo de coca en el país. Guzmán pensaba que lo único que produciría una invasión, al menos una intervención, sería el narcotráfico. Según su lógica, el comercio de cocaína no era un problema para el proletariado porque los principales consumidores eran los imperialistas. Así que proteger la droga también era una manera de sabotearlos.

Hay muchas versiones sobre la relación entre Sendero y el narcotráfico. La revista *Caretas* informó que Sendero recibía 250 millones de dólares de sus operaciones en la zona cocalera. Sin embargo, a juzgar por las estrecheces económicas de la propia cúpula, la cifra parece poco probable. Los máximos dirigentes del partido vivían sin estrecheces pero sin lujos, y como siempre, el campo carecía de armamento suficiente.

La Comisión de la Verdad presenta un gráfico más matizado:

> La presencia de los narcotraficantes en esa región llevó a que los mandos senderistas desarrollaran una política pragmática de coexistencia, que incluía el cobro de cupos sobre las avionetas que salían con cargamentos de droga, y también en la protección del traslado de la droga así como eventuales alianzas para controlar territorios. A partir de 1987, el PCP-SL empezó a «liberar zonas» expulsando a la policía de sus cuarteles. Impuso a los narcotraficantes a disolver sus pandillas de sicarios, y los obligó a una alianza que regulaba el tráfico de droga y garantizaba el precio de la coca a los productores.

Y finalmente, está la versión de Nancy Obregón.

Nancy no vivió los apagones como yo, ni la bomba de Tarata sacudió sus ventanas. Cuando ella habla, es el estado el que parece una agrupación terrorista. Sendero, en cambio, actúa como un estado.

Un día de 1990, Sendero Luminoso decretó un paro armado en Tocache, donde vivía Nancy. Para contenerlo, la policía entró en una aldea de la zona. Le cortó los senos a una mujer y mató a varios niños. Los pobladores tuvieron que correr por su vida.

La venganza de Sendero no fue más amable: buscó a los autores de la masacre y los aniquiló uno por uno. Algunos cadáveres los arrojaron en los ríos, otros los enterraron bajo las palmeras. Los policías habían atacado sin autorización de sus superiores, así que nadie fue a rescatarlos.

«Entonces aprendí a ver a Sendero Luminoso como un león que solo mata cuando tiene hambre —dice Nancy—. Los senderistas no violaban ni torturaban, al contrario, respetaban incluso a los prisioneros que iban a ejecutar. Los mataban, pero antes les daban de comer. Además, ponían mucho énfasis en la educación. Decían que la mala educación era un rezago del estado colonial de los españoles, y que si queríamos hacer un nuevo estado teníamos que empezar por respetar.»

Los senderistas ponían escuelas e imponían una rígida moral en los territorios que controlaban. Los niños de las «zonas liberadas» no sabían cantar el himno nacional pero sí «La Internacional». No celebraban la independencia sino el inicio de la «guerra popular» y el «día de la Heroicidad».

Para los «camaradas», era necesario conservar el vínculo familiar para cambiar el país. Las mujeres no podían usar minifaldas y las malas palabras estaban prohibidas, igual que la infidelidad. Sus principios básicos eran no ser ladrón, no ser soplón y no ser ocioso, una adaptación guerrillera de las tres leyes del imperio incaico. Los vagos y borrachos estaban proscritos. Las prostitutas eran apartadas de los pueblos pero podían trabajar a condición de no ser escandalosas.

Según Nancy, «las chismosas (cotillas) también recibían castigo. Tenían que limpiar el pueblo entero con un cartel en la espalda que decía: "Esto me pasa por chismosa"».

La estrategia política de Sendero era crear estado donde no lo había. Además de educación, asumían funciones de poder judicial. Nancy asistió a uno de sus juicios sumarios. El acusado era un hombre conocido en el pueblo, al que acusaban de violación y asesinato. Nancy no podía creerlo. Ella conocía a ese hombre. Dijo que eso era una calumnia. Por primera vez, el pueblo se rebeló contra Sendero. La gente salió a defender al acusado. Su mujer lloraba. Les preguntaron a los senderistas qué pruebas tenían de su delito. «Los guerrilleros nos mostraron a la víctima. La habían encontrado en una de sus patrullas, medio muerta, rodeada de los cadáveres de sus hermanos y su esposo, asesinados por el acusado la noche anterior. Se la habían llevado a un pueblo cercano y habían traído a un médico a punta de garrote. La chica pasó un mes convaleciendo, pero se curó. El día del juicio, apareció para acusar al asesino frente a todo el pueblo. Estaba toda vendada. Él comenzó a correr, pero los senderistas lo cogieron. Cuando iban a matarlo, se atracaron las metralletas. Recién al quinto intento le volaron los sesos. Dijeron que solo lo iban a enterrar porque era conocido en el pueblo. Pero en principio, decían, ese miserable debía pudrirse al aire libre.»

Parece difícil entender que eso fuese bien recibido por la población. Pero resulta más comprensible si se lo compara con el comportamiento del estado peruano, donde la corrupción alcanzaba niveles de cuento de horror; a finales de 1991, una nueva legislación recortó el poder de la policía antinarcóticos y otorgó amplios poderes en la región a las fuerzas armadas. Detrás de ellas —o quizá más bien delante— estaba Vladimiro Montesinos, el asesor de Inteligencia del presidente Fujimori.

Poco después, el mayor Evaristo Castillo descubrió que sus compañeros de armas encubrían, apoyaban y filtraban información a los narcos. Lo denunció a las más altas instancias. El comando se lo agradeció mandando registrar su casa e incautar sus documentos, y después lo expulsó por «insultar a sus superiores». En 1996, durante su juicio, el narcotraficante Demetrio Chávez Peñaherrera admitió ante la prensa que pagaba 50.000 dólares mensuales a Montesinos para que sabotease las posibles redadas de la DEA norteamericana y garantizase la seguridad de sus envíos de cocaína. Además, Chávez había abierto un burdel para los soldados y corría con sus gastos en los restaurantes. Él consideraba que eso formaba parte de su «apoyo en la lucha contrasubversiva».

Tras esas escandalosas declaraciones, la fiscal de la Nación Blanca Nélida Colán tuvo que tomar partido. La señora afirmó en un programa de televisión que le había preguntado al doctor Montesinos si eran ciertas esas acusaciones. Él lo había negado. Dijo que no se podía poner la palabra de un narcotraficante por encima de la de un héroe nacional como el asesor de Inteligencia. Enfatizó que ese tipo de declaraciones dañaban la imagen del país ante los inversionistas extranjeros. El Ministerio Público no investigó.

El traficante estaba aislado en un cuartel militar. No se le permitían visitas. Días después, en su siguiente comparecencia ante el tribunal, apareció drogado. Su discurso era incoherente. No articulaba oraciones. Negó lo que había dicho en la anterior. El abogado protestó por el estado de salud del preso y porque no le habían permitido verlo antes de la sesión. Su protesta fue denegada. Así pues, las fuerzas armadas que tenían la consigna de acabar con Sendero en la zona eran las más corrompidas y brutales. Nancy recuerda en particular a un militar, el capitán Cienfuegos, «que una vez le arrancó la oreja a un senderista frente a todo el pueblo, incluso frente a los niños, a plena luz del sol, y le echó sal en la herida».

La familia de Nancy también sufrió vejámenes ese año. Una madrugada, entraron encapuchados en su casa, arrojaron a su esposo al suelo y la emprendieron a patadas contra él. A su madre también la tiraron de una patada al suelo. Nancy devolvió las patadas y desarmó a un soldado. Los atacantes le pusieron el cañón de un FAL en la boca a su hijo. El niño tenía tres años.

«Decían que eran terroristas y que venían porque habíamos recibido en casa a un destacamento militar que nos había pedido agua días antes. En realidad, los reconocimos a pesar de las capuchas. Eran ese mismo destacamento militar. Y querían llevarse mi televisor en color.»

El problema era que eran muy malos actores. Les dijeron: «¡Al suelo, conchatumadre!», y entraron con mucha violencia. Nancy y su esposo, que habían estudiado tácticas contrasubversivas, sabían que así no actúan los guerrilleros, sino los militares. Los guerrilleros, según ella, saludan con respeto, llaman a su prisionero «camaradas», le explican muy correctamente por qué lo van a matar y lo hacen de un tiro. Además, Nancy no es el tipo de chica con quien quieres tener una pelea.

«Lo aconsejable en estos casos es llorar y suplicar para que se sientan tranquilos y se vayan rápido. Pero cuando se metieron con mi hijo, perdí el control. Y reaccioné mal. Les dije: "¿A mi hijo lo van a matar? ¡Tendrán que matarnos a todos!". Y llamé a gritos a mis primos, que estaban cerca. Pensé que nos matarían, pero luego vi que el soldado que yo había tumbado estaba temblando en el suelo. Entonces pensé que eran presa fácil. Se acobardaron. Al final, nos pidieron un dinero por favor, dijeron que para medicinas, para sus supuestos compañeros senderistas heridos en una incursión. Les dimos el dinero y se fueron.»

Según Nancy, los senderistas también cometían hurtos, con la diferencia de que se aniquilaban entre ellos al descubrirlo. Ella recuerda a uno que robó un atún. Sus propios compañeros lo llevaron ante el pueblo para ejecutarlo en público. Arrodillado, el guerrillero pidió perdón, admitió que había cometido un acto miserable y eximió de responsabilidad al partido. Dijo que el partido es justo y correcto, pero los individuos estropean la lucha con su egoísmo. Pidió que su error sirviese como espejo para el pueblo. Solicitó a su verdugo que no le hiciese sufrir. Murió de un solo balazo en la nuca.

Según Nancy, «los senderistas también cometieron excesos y errores. Pero no más que los narcos y no más que los militares, al menos en Tocache».

Por eso mismo, las columnas senderistas resistieron tanto ahí como en el VRAEM, mucho después de la caída de Abimael Guzmán. Incluso las pocas columnas que sobreviven hasta hoy se esconden en este tipo de geografía, en la ceja de selva.

En cambio, en el otro frente, la capital, el éxito no fue rotundo y resonante a la larga. En las ciudades, los guerrilleros están más expuestos y las autoridades están mejor asentadas. Hobsbawm ya había advertido de los riesgos:

> Por muy grande que sea el apoyo insurreccional en las ciudades, y aunque el origen de sus dirigentes sea urbano, las ciudades y, especialmente, las capitales son el último reducto que un ejército guerrillero capturará. A menos que esté pésimamente aconsejado, son el último punto que un guerrillero atacará.

8

La captura

Al menos hasta el año 1988, los métodos de la policía de Lima no diferían mucho de los que aplicaban los militares en el campo. El periodista Gustavo Gorriti los detalla así:

> Cada tarde, los efectivos de las 8 unidades delta de la Dirección contra el Terrorismo salían en camiones porta-tropa, a buscar sospechosos. Cada delta debía allanar 20 casas por noche, donde vivía gente con antecedentes policiales por terrorismo. O donde se sabía que habían vivido. O donde se presumía que pudieran vivir simpatizantes de Sendero. O de organizaciones que se suponía simpatizantes, o ideológicamente cercanas. Cada noche, ciento sesenta puertas eran derribadas, desgoznadas o abiertas a patadas o culatazos. Uno o dos habitantes eran sacados del sueño al camión porta-tropa, dejando tras de sí a familiares aterrorizados o enfurecidos, o ambas cosas a la vez.

A finales de la década, las cosas empezarían a cambiar con la creación de un Grupo Especial de Inteligencia (GEIN). Al mando de ese grupo, el mayor Benedicto Jiménez daba los primeros pasos hacia un trabajo más fino.

Cuando me recibe, Jiménez ya no es policía. Me cuenta que está trabajando en un proyecto de programa de televisión, un espacio de reportajes de sucesos que planea dirigir. Es un hombre que ha leído y viajado, con una casa llena de adornos y fotos familiares.

«Durante muchos años, nuestro error fue no hacer trabajo de inteligencia —dice—. Simplemente arrestábamos a un senderista y lo interrogábamos. Pero los verdaderos senderistas nos conocían. Sabían nuestros horarios de servicio y nuestros puntos débiles. También eran conscientes de que si resistían veinticuatro horas saldrían en libertad legalmente. Y su cobertura legal se movilizaba de inmediato. Así que, si por azar deteníamos a algún terrorista, justo ese se nos escapaba.»

Si a pesar de todo, la policía conseguía pruebas contra alguno, siempre era un repartidor de octavillas o algún subalterno sin la menor importancia. Había una gran cantidad de colaboradores en esa condición, que formaban un cerco de seguridad en torno a los verdaderos militantes. Por lo general eran estudiantes. En las universidades, muchos simpatizaban con Sendero, y algunos de ellos participaban esporádica pero visiblemente en la vida cultural. Sin embargo, a los verdaderos miembros los rodeaba un halo de silencio. Los aspirantes a la militancia se pasaban tres años cometiendo fechorías cada vez más graves para medir su lealtad y su arrojo. Su último encargo era el asesinato de un policía, cuya arma debían entregar al partido como evidencia de su acción. Si pasaban la prueba, recibían un apretón de manos secreto que simbolizaba su acceso al círculo de los elegidos. En esas condiciones era imposible infiltrar a un agente topo en sus filas.

Jiménez diseñó un sistema de vigilancia para detectar la cadena de mando. En adelante, a los detenidos claramente senderistas, y precisamente a ellos, los soltarían. Y enviarían agentes a seguirlos. Los seguimientos se realizaban por turnos durante veinticuatro horas al día, y se extendían a cada persona con que el sospechoso se encontrase. Frecuentemente, los contactos se repetían, en especial entre los miembros del aparato logístico, de modo que podía ir trazándose un mapa de relaciones personales. Además, si Sendero Luminoso había creado una guerra de pobres, el GEIN le respondió con tecnología de pobres. Aprendieron a interceptar teléfonos públicos con walkie talkies y a esconder cámaras en mochilas. Se disfrazaron de heladeros. Y crucialmente, leyeron a Mao.

El trabajo requería paciencia y, por su falta de resultados aparentes, enfrentaba la burla de otras divisiones de la policía, que los llamaban «los cazafantasmas». Pero lentamente empezó a dar frutos.

Los senderistas no estaban tan ocultos si se les sabía ver. Entre ciertos círculos, sobre todo entre la clase media de izquierda, su presencia se hacía sentir y su influencia crecía. Una amiga mía, a la que llamaré

María, me cuenta que ella misma conoció a muchos senderistas, que durante los ochenta frecuentaron su casa.

«Mi hermana y yo éramos muy chicas, y mamá lo estaba pasando mal. Se acababa de divorciar y su familia estaba en Huancayo. En Lima se sentía muy sola, muy fuera de lugar, pero no podía irse porque mi hermana y yo estudiábamos el colegio aquí. En eso estaba cuando conoció a una actriz que colaboraba con Sendero: Aurora Colina. Desde el principio, Aurora la hizo sentir como una hermana. Mamá se hizo su amiga, empezó a acompañarla a todas partes, a hablar con los amigos de ella, y ahí encontró un grupo humano del cual formar parte. Era un grupo muy compacto, justo lo que ella necesitaba, en ese momento. Y la Aurora era bien roja. Yo creo que la actriz quería ser militante en Sendero, pero ellos no la dejaban, porque era muy conocida.» Mi amiga María empezó a asistir a espectáculos de danzas andinas en el parque de la Reserva. A plena luz del día, se leían poemas dedicados a los combatientes. Por las noches asistían a fiestas, incluso en noches de apagón. Justo en la casa de la fiesta, la luz permanecía encendida como si nada. Sin embargo, ni siquiera ahí escuchó referencias directas a nada incriminatorio, al menos, no delante de ella. Al menos, casi nunca.

«Una vez, Aurora le pidió a mi mamá que preparase un cuy. Mamá lo hacía muy bien, pero era raro, porque no se lo comieron juntas. Mamá se lo dio y ella se lo llevó. La siguiente vez que se vieron, Aurora le dijo: "El Presidente dice que tu cuy estaba exquisito". Fue la única vez que la oí decir algo directamente comprometedor. Así supimos en casa que Abimael seguía vivo.» La relación con la actriz, sin embargo, tuvo un final abrupto:

«Un día sonó el teléfono. Yo contesté. Al otro lado de la línea, alguien me preguntó: "Tú eres María, ¿verdad?". Le dije que sí. Él empezó a enumerar mi nombre, el de mi hermana, el de mi colegio, me dijo a qué hora entraba y salía de clases, y cómo se llamaban mis amigas. Lo sabía todo. Y terminó con una advertencia: "Dile a tu madre que no vuelva a ir a casa de Aurora Colina". Luego colgó. Nunca volvimos a ir donde Aurora. Hasta ahora no sé quién realizó esa llamada, ni por qué. Tampoco sé dónde está Aurora».

Mi amiga tuvo suerte. Poco después, un grupo de senderistas celebró una fiesta por el día del inicio de la lucha armada en casa de la camarada Isa. Se sentían tan seguros que hablaban en voz alta y celebraban sin ningún pudor. Pero esta vez, la policía tenía vigilantes disfrazados cerca de la puerta. No querían detenerlos, sino detectar, registrar y localizar silenciosamente a cada uno de los asistentes. Casi todos eran viejos conocidos de sus ficheros. Todos menos uno. Siguieron a ése.

Al salir, el sospechoso dio vueltas durante tres horas y media seguido por cuatro vehículos policiales, a los que no vio. Finalmente, los llevó a una casa en el 459 de la calle 2 de Monterrico. El sospechoso se llamaba César Augusto Paredes, y la casa era el archivo central del partido.

El 1 de junio de 1990, el mayor Jiménez decidió golpear. La policía entró en esa casa y en muchas otras de la red que vigilaban. La consigna era entrar sin violencia pero estar preparados para disparar. En ninguna de las casas encontraron resistencia.

Encontraron otra cosa. En Monterrico, había un museo de obras de arte senderistas, documentos firmados por Guzmán, cartas de sujeción, archivos informáticos, teléfonos y direcciones de dirigentes. Ahí se había celebrado el congreso y había muerto Norah. La casa era una especie de museo revolucionario. En otro de los locales intervenidos, la academia preuniversitaria César Vallejo, desmantelaron la red financiera de Sendero Luminoso.

Según Jiménez, el amor traicionó a los senderistas. El día de la fiesta, Paredes había ido a casa de Isa porque habían sido pareja. Y se entregaron a la policía mutuamente sin saberlo. Hubo otros dos del Comité Central que se enamoraron: Yovanka Pardavé, del aparato logístico, y Tito Valle, de la cobertura legal. El partido los descubrió y enviaron a Tito a Ayacucho para separarlos. Pero él volvió a buscarla. Cayeron en una cena romántica. Y con ellos, sus dos aparatos.

Para evitar eso, el partido prohibía que dos miembros de aparatos distintos formasen parejas. Pero esas cosas no se controlan. La ideología te permite deshumanizar a tus víctimas, actuar temerariamente, despreciar tu propia vida, abandonar tu individualidad y subordinar tu sentido común. Pero ni aun así consigue que dejes de enamorarte. El mayor Jiménez llama a estos casos «los amores trágicos de Sendero». Sendero los llamaba «pecados de liberalismo». El único que podía tener pareja en un aparato directivo era el propio Guzmán, que tuvo dos.

El amor también le costó el pellejo al delfín de Guzmán, Hugo Deodato Juárez Cruzatt, camarada Germán. Según la policía, era el preferido del líder. Solo se había tenido que autocriticar cuatro veces. La primera, por abandonar «de forma miserable» la Escuela Militar del 80 aduciendo problemas personales. La segunda, debido a su detención tras un asalto bancario en 1981. Germán no había aplicado un plan adecuado, había subestimado al enemigo. La tercera, tres años después, por no haber resuelto su divorcio. De alguna manera, eso produjo la caída de una imprenta del aparato de propaganda. Y la cuarta, por pecar de liberalismo: en 1985 se expuso demasiado en la calle con una camarada, hasta que la policía lo detuvo.

Pero a partir de su excarcelación, Germán retomó el trabajo con bríos; en un año, el aparato de propaganda creció de dos a treinta y cinco miembros, y sus actividades alcanzaron el 45 por ciento de las acciones del partido. Imprimían y distribuían todo tipo de publicaciones, folletos y documentos para consumo nacional e internacional.

Abimael concedía especial importancia a la propaganda. Y Germán era su brazo derecho. Tras la muerte de Norah, recibió personalmente el encargo de trasladar el cadáver a una casa de Comas y enterrarlo. Cuando la conflictiva camarada Juana pidió una comisión investigadora de los hechos, Germán se desligó y rompió con esa posición antipartido, aplastó y barrió esa calumnia revisionista, la voló y la repudió. Solía jactarse de que sería el sucesor de Gonzalo ante sus dos novias, ambas militantes. Por una de ellas, la policía llegó hasta él el 19 de septiembre de 1990.

Poco después, desde la cárcel, Germán se las ingenió para escribir su autocrítica en una tela y enviarla por intermedio de alguna de sus visitas. La carta comenzaba ofreciendo

> un saludo jubiloso comunista con sujeción plena e incondicional al querido y respetado Presidente Gonzalo, Jefe del Partido y la Revolución, a la Base de Unidad Partidaria y sus tres elementos, el marxismo-leninismo-maoísmo-pensamiento Gonzalo, al Programa, a la Línea Política General y su centro, la Línea Militar, a la Dirección

Nacional y a todo el Sistema de Dirección del Partido, al Primer Congreso del Partido, hito imperecedero de victoria, a la Primera Sesión del Comité Central, al Gran Plan de Desarrollar Bases en Función de Conquistar el Poder y al Plan de la Segunda Campaña de Impulsar el Desarrollo de las Bases de Apoyo.

En el resto de la carta expone sus culpas. Se recrimina ser el principal responsable de las caídas, es consciente del daño grave que ha causado al partido. Admite que solo le cabe esperar la suspensión temporal de sus dos responsabilidades como integrante del Comité Central y como responsable del departamento de propaganda. Luego culpa también a la subsecretaria de propaganda, porque sabía de su relación amorosa y, para no lastimarlo, no lo denunció a la Dirección Central. Eso es caer en benignidad burguesa, que él aplasta, barre y repudia.

Era tarde de todos modos. Para él y para todos los suyos. Algunos de los dirigentes detenidos en las primeras casas fueron liberados y, tras un par de semanas, sigilosamente vigilados de nuevo. A pesar de la absoluta cohesión ideológica, un miembro del aparato de financiamiento vendió información valiosa a cambio de una identidad falsa en el extranjero. La policía había diseñado para él una estrategia especial porque tenía familia y propiedades, demasiado que perder.

Los golpes de la policía comenzaron a sucederse con más frecuencia. En uno de ellos, allanaron una casa de Balconcillo y encontraron los videos del I Congreso. Por primera vez, aparecían las caras de todo el Comité Central filmadas. En esa casa estaba también la biblioteca de Guzmán y varios de sus objetos personales, algunos muy recientes. El Presidente Gonzalo se había vuelto a escapar, pero se acercaban al corazón de la red.

No todo el estado peruano, sin embargo, seguía la misma estrategia de investigación paciente y pacífica. Por el contrario, tras el ascenso al poder de Fujimori y su asesor Vladimiro Montesinos, el Servicio de Inteligencia formó un comando militar de aniquilamiento llamado Grupo Colina.

Colina se estrenó a finales de 1991, cuando ocho de sus integrantes entraron en una fiesta en la zona de Barrios Altos y obligaron a los asistentes, presuntos terroristas, a acostarse boca abajo. Luego les dispararon ráfagas de ametralladora a la cabeza. Quince murieron y cuatro fueron heridos. En el suelo quedaron regados 130 casquillos de bala. A lo largo del año siguiente, nueve alumnos y un profesor de la Universidad de La Cantuta fueron ejecutados o desaparecidos por ese grupo. Sus cadáveres se enterraron en secreto. Las actividades del grupo se extendieron, cómo no, a los lugares donde había terroristas confesos actuando a plena luz del día, los centros penitenciarios. El 9 de mayo de 1992, un mes después del golpe de Estado de Fujimori, las fuerzas del orden entraron masivamente en la cárcel de Castro Castro (Canto Grande) para el operativo que recibió el nombre de Mudanza 1.

El capitán Edilbrando Vásquez, de la división policial de operativos especiales (DINOES), participó en ese operativo, y acepta hablar conmigo. Cuando lo entrevisto, Vásquez lleva traje y corbata. Hace mucho que no se pone un uniforme. La razón de su retiro es precisamente lo que ocurrió ese día.

—¿Qué hacía usted ahí?

—Yo era capitán de la policía. En ese momento, actuaba como segundo jefe de una unidad de la Dirección Nacional de Operativos Especiales, con base en Puente Piedra.

—¿Cuáles fueron sus órdenes?

—Restablecer el principio de autoridad. Según nos dijeron, las fuerzas del orden habían tratado de trasladar a los presos terroristas del penal de Castro Castro, pero los reclusos se habían amotinado. Hacían falta refuerzos.

Según Vásquez, la intención original era lograr un traslado rutinario y pacífico para dispersar a los dirigentes entre distintas cárceles, pero las reclusas se resistieron y se hicieron fuertes en su pabellón, donde permanecieron dos días sin rendirse. Ante la emergencia, se presentaron varios batallones de policía y el ejército. La escena les recordaba a todos lo ocurrido seis años antes, cuando un motín simultáneo en las cárceles del Frontón y Lurigancho se saldó con la masacre de más de doscientos cincuenta reclusos, un antecedente que complicaba las cosas aún más.

La cárcel de Castro Castro está en el límite de la ciudad, rodeada de cerros secos, de modo que los militares decidieron cercar el perímetro y dejar el asalto para la policía especial. Así no serían responsables si algo salía mal. La mayor parte de la policía se apostó en la azotea del pabellón de mujeres terroristas. La idea inicial era disparar bombas lacrimógenas, vomitivas e incendiarias contra las amotinadas hasta obligarlas a deponer su actitud.

Ahora bien, el interior del penal no es fácil de controlar. Sus doce pabellones están organizados en torno a lo que debía haber sido un panóptico central equipado con tecnología punta, pero el dinero para la tecnología se esfumó en un oscuro caso de corrupción durante los años ochenta, de modo que desde ningún lado se domina la totalidad del recinto. Los pabellones están separados por patios abiertos, lo cual facilita el desplazamiento de unos a otros. En consecuencia, muchas de las presas consiguieron movilizarse al pabellón de varones, y algunos senderistas lograron incluso emboscar a una patrulla policial. Pronto reinó la confusión, y la multiplicidad de mandos no ayudó a serenar las reacciones.

—¿Qué encontró usted al llegar a la cárcel?

—Los terroristas tenían bombas caseras y un fusil G3 que le habían quitado a un policía. Tuvimos que sacar a un capitán herido. Había otros cuatro compañeros con lesiones. Los nuestros también disparaban. Todo el mundo estaba por todas partes y nos estorbábamos nosotros mismos.

—¿Y entonces?

—Un general dijo que quería acabar con el problema de una vez porque llevábamos tres días y se acercaba el día de la Madre. De modo que las acciones se intensificaron. Tras mucha bala, los terroristas se rindieron. Creo que temían que todo terminase como en el 86. Empezaron a salir con las manos en la nuca hacia una glorieta conocida como El Gallinero. Pero cuando llegaron, la policía comenzó a disparar desde los tejados. No sé si hubo una orden o fue un producto de los nervios y la crispación. Todo era muy confuso. El caso es que los mataron a casi todos. Los que no disparábamos no sabíamos qué hacer ni a quién obedecer.

Ese día fueron asesinados cuarenta y ocho senderistas. Murieron todos los dirigentes presentes, incluido Hugo Deodato Juárez Cruzatt. O al menos, eso creían los policías. Pero al salir de los pabellones, Vásquez se encontró con un sobreviviente: el viejo amigo de Guzmán desde los tiempos de Ayacucho, el hombre que Clara consideraba «muy puro», el primer dirigente que había caído durante el I Congreso, Osmán Morote.

Muchos senderistas creen que Morote traicionó al partido, y por eso, la policía le perdonó la vida. Otra teoría sostiene que el Servicio de Inteligencia lo quería vivo en caso de que hubiese que negociar con los terroristas presos o eventualmente con el propio Guzmán. Pero la versión de Vásquez parece menos maquiavélica y, quizá por eso, más verosímil, porque la moral en las guerras suele ser más ambigua de lo que nos gusta creer:

—Morote se había escabullido hacia la salida de la cárcel. Yo lo encontré minutos después. Tenía un balazo en la nalga y se arrastraba. Lo puse boca abajo. Apunté el cañón del arma contra la nuca. Le dije que se estuviese quieto. Donde estábamos no era ya un recinto totalmente cerrado. Había autoridades cerca, algunas de ellas civiles. Uno no podía simplemente volarle la cabeza a un preso.

—¿Disparó usted?

—Cuando estábamos en eso, llegó un enmascarado con un fusil MP5. Me puso el fusil en la mano y me dijo: «Toma, mátalo». Pero algo me hizo sospechar. Los MP5 son de uso militar. Y se suponía que los militares estaban afuera del recinto, no adentro. Él tenía que ser un infiltrado. Me negué a disparar. Minutos después, me rodearon mis propios compañeros de la DINOES, para matarme. Pero nadie lo hizo. No íbamos a matarnos entre nosotros. Entregamos a Morote a la enfermería.

—En otras circunstancias, ¿lo habría matado?

—No soy un santo, y no me habría importado. Pero yo recordaba la matanza de los penales en 1986. Después de eso, más de doscientos de mis compañeros fueron arrestados. Yo visité a muchos de ellos en prisión. Salvé a Morote simplemente porque no quería ir a la cárcel.

Días después, el mismo Vásquez fue designado para escoltar a Morote a su nuevo hogar, la cárcel de Yanamayo. Durante el trayecto pudieron conversar. «Morote nos acusaba de asesinos. Yo le enrostré las brutales matanzas que había visto cometer a los senderistas en el Alto Huallaga, mientras estaba destacado ahí. Pero él simplemente no me creía. No es algo que me hayan contado. Yo había visto con mis propios ojos los asesinatos, a veces con machetes, las masacres a la población. Sin embargo, él no me creía. En Sendero Luminoso había psicópatas, había gente enferma, pero también había gente como él, tan idealista que simplemente no veía la realidad.»

Meses después de Mudanza 1, la unidad del capitán Edilbrando Vásquez fue desactivada y él pasó a retiro.

La respuesta de Sendero a la arremetida del gobierno no se hizo esperar. En sus documentos internos recibe el nombre de VI Plan Militar «Construir la conquista del poder», y era considerado el último paso hacia la victoria. Su principal objetivo, Lima.

En el primer semestre de 1992, treinta y siete coches bomba devastaron bancos, comisarías y un canal de televisión de la capital. Entre los cincuenta muertos que produjo la campaña se contaba María Elena Moyano, asesinada y despedazada. El atentado más feroz, ocurrido el 16 de julio de 1992, fue el de la calle Tarata, donde media tonelada de ANFO con dinamita hizo volar en hora punta el corazón comercial del barrio de Miraflores. Murieron 25 personas y 150 quedaron heridas. Más de 400 negocios y 183 apartamentos fueron destruidos.

Entre ellos, el de Pedro, un amigo de papá.

Yo sabía que había pasado algo esa noche. De vez en cuando, las explosiones producían un temblor en las ventanas. Pero esta vez, los cristales habían estado a punto de caerse. Tenía que ser algo muy grande y muy fuerte. Unas horas después sonó el teléfono. Era Pedro, que trabajaba con mi padre.

—¿Está tu papá?

—No.

—¿Puedo dejarle un mensaje?

—Claro.

—Escucha, dile que han puesto una bomba en mi casa. Creo que mañana no iré a trabajar.

—Ok. ¿Tienes un teléfono de contacto?

—No, ya lo llamaré yo a la oficina.

—Ok.

Pedro pasó unos días en un cuarto en el primer piso de nuestro edificio que papá usaba como depósito. El día en que llegó, yo lo ayudé a cargar sus muebles. Había una lámpara desgarrada y una mesa rota. Pero lo que más me impresionó fue un cuadro, la imagen de un torero. En el centro del cuadro se había incrustado una esquirla de vidrio del tamaño de una licuadora.

Tarata fue el momento en que los limeños, y en particular las clases medias y altas, sentimos que también podíamos morir. La bomba dejó la calle como si le hubiese pasado una guerra por encima. Y eso era exactamente lo que Sendero quería mostrar. Hubo que demoler varios edificios. Y todo en el corazón de Miraflores. Hasta ese momento, la guerra había sido algo lejano que ocurría en el campo. Sabíamos que existía. Pero nos quedaba lejos, como si fuera en otro país.

Ese mismo mes, el GEIN del mayor Benedicto Jiménez empezó a vigilar una casa nueva en el 459 de la calle 1, urbanización Los Sauces. Era más modesta que las anteriores. Pero uno nunca sabe. La casa estaba habitada por una pareja joven de clase media: el ingeniero Carlos Incháustegui y la bailarina Maritza Garrido Lecca, que había puesto una pequeña academia de danza en el primer piso. Aunque era una calle tranquila, en la que resultaba difícil pasar inadvertido, Jiménez logró colocar espías en el apartamento de un coronel que vivía al frente.

Y no encontraron nada.

Tras un mes de vigilancia, Jiménez estuvo a punto de retirar a sus centinelas. Ninguna señal, ningún indicio, justificaba el desperdicio de guardias. Pero las primeras señales vendrían de la basura. El olor a gato encerrado surgió primero por la cantidad de bolsas de basura. Demasiadas para dos personas. La policía empezó a recoger y analizar minuciosamente todos los desperdicios de la casa. Encontraron paquetes de cigarrillos Winston, la marca que fumaba Guzmán. Y frascos de medicamentos para la piel. Y demasiados pelos de demasiadas personas.

A veces, Maritza se llevaba algunas bolsas de basura para arrojarlas varias calles más abajo. Esas bolsas solían tener pedazos de papel roto y mojado que, reconstruidos, parecían documentos del Buró Político. A veces, Incháustegui salía de la casa para nada.

Solo merodeaba por ahí y volvía a entrar. Alguna vez, una sombra demasiado voluminosa se proyectó en la cortina del segundo piso. Maritza y Carlos eran más delgados.

El 12 de septiembre, la policía decidió entrar. Llamaron refuerzos. Dos destacamentos armados se apostarían en las esquinas y un par de oficiales con los nombres clave de Gaviota y Ardilla fingirían ser una pareja besuqueándose en la calle. Estaban nerviosos. Por la mañana habían allanado otro domicilio, donde encontraron regalos para Guzmán y armas de fuego. Nunca sabían qué iban a encontrar en cada caso.

Durante el resto del día se les acercó un heladero ambulante en su carretilla. No era un agente disfrazado. Era un heladero de verdad. Empezó a fastidiar a la supuesta pareja. «Mete mano, pues —le decía al agente—. A ver, un besito.» Parecía muy divertido. Tuvieron que esperar que se fuese. Hacia el final de la tarde, un auto desconocido aparcó frente a la casa de Los Sauces. Bajaron un hombre y una mujer. En espera de que saliesen, la falsa pareja de agentes se acercó a la entrada. Ellos les darían la señal a los demás.

Era de noche cuando la puerta se volvió a abrir. Carlos y Maritza salían a despedir a las visitas. Hablaban con tranquilidad. Maritza tenía acento de clase alta. Reían. Súbitamente, Gaviota y Ardilla golpearon la puerta hacia dentro y cargaron con revólveres en la mano.

Al sentir el golpe y ver las armas, Incháustegui trató de resistir, pero no estaba armado. Lo acostaron en el suelo, boca abajo. Una vez reducido, empezó a pedir a gritos que lo matasen. Los destacamentos ingresaron en dos columnas y rodearon la casa. Gaviota y Ardilla, acompañados por un mayor, llegaron a las escaleras. Arriba se cerró una puerta corrediza. La rompieron. Entraron apuntando hacia delante. Adentro solo había dos mujeres desarmadas. Eran María Pantoja y Laura Zambrano. Pero más allá, en la última habitación, un hombre gordo y barbudo los esperaba sentado en medio de una biblioteca, frente al televisor. Él estaba tranquilo, pero una mujer se abalanzó sobre ellos con una banderita roja en la mano. «¡No lo toquen!», gritó.

Tardaron en convencerse de que era quien creían. Cuando lo hicieron, no cabían en sí. Guzmán se mantuvo en silencio mientras los demás lo rodeaban. Nadie en la casa tenía armas.

Algunas versiones sostienen que, tras los primeros golpes de la policía, Guzmán había sospechado de su entorno y se había desprendido de su temible guardia roja. Otros piensan que nunca hubo tal guardia roja,

26 de diciembre de 1980. Sendero Luminoso anuncia el inicio de la lucha armada colgando perros de los postes en el cercado de Lima.

Última secuencia de fotos tomada por Willy Retto en Uchuraccay mientras caminaba hacia la muerte.

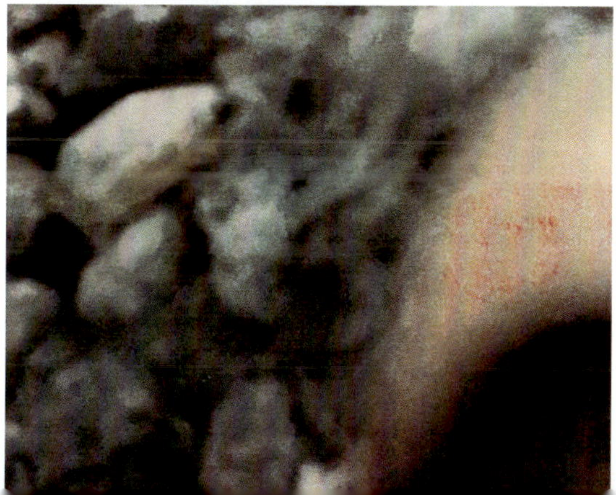

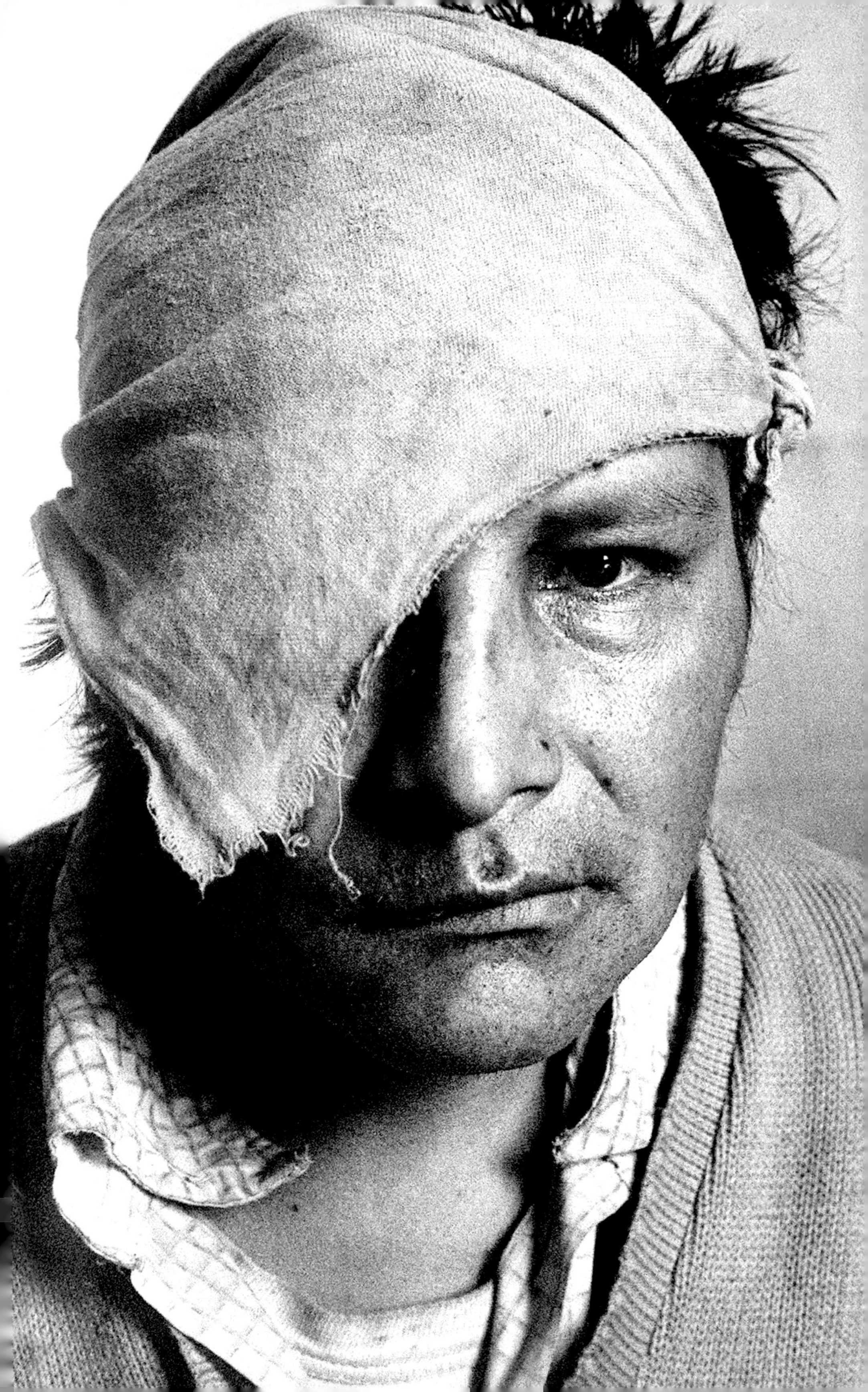

Página anterior: Campesino ayacuchano atacado por senderistas con machetes en 1983.
© Óscar Medrano / Revista Caretas

Arriba: Material incautado en una de las casas donde se ocultaba Abimael Guzmán.
© Vera Lentz

Abajo: Joven rondero después de la batalla, con una bandera recogida como trofeo de guerra. © Alejandro Balaguer

ágina anterior: Campesina de las Rondas de autodefensa. © Paul Vallejos / Revista Caretas

rriba: Cooperativa agraria arrasada por Sendero Luminoso, tras el incendio y el sesinato de ocho campesinos. © Damaso Quispe

bajo: Aula de la Facultad de Letras de la Universidad Mayor de San Marcos en 1989. Jaime Razuri

Arriba: 1982: Llegada de los acusados al Penal del Frontón por el asalto al Penal de Hu manga. © Óscar Medrano / Revista Caretas

Abajo: Penal del Frontón tras el motín de 1986 y la intervención de las Fuerzas Armada © Revista Caretas

Página siguiente: Cuerpos después de la matanza de Jotunos. © Óscar Medrano / Revista Caret

Arriba: Familiares de víctimas de la masacre de Socos, perpetrada por la Guardia Civil, durante la exhumación de cadáveres. © Vera Lentz

Abajo: Torre de Entel Perú, en la localidad de Huacho, dinamitada el 9 de octubre de 1981 por presuntos miembros de Sendero Luminoso. © Torre de Entel / Carlos Del Rosario

Arriba: Funerales de María Elena Moyano, teniente alcalde de Villa el Salvador y presidenta de la Federación Popular de Mujeres de ese distrito. © Alejandro Balaguer
En las páginas siguientes: Conmemoración senderista de la matanza de los penales de 1986, que bautizaron como Día de la Heroicidad. © Vera Lentz

GLORIA A LOS

ES DEL PUEBLO

Arriba: Miembros del Ejército en el aeropuerto de Jauja, Junín, trasladan a Lima los ataúdes con los restos de las víctimas del enfrentamiento en Molinos. © Aníbal Solimano. Agencia Reuters

Abajo: Rendición de senderistas después de que la Policía ingresara en el Penal de Canto Grande con el fin de realizar el operativo «Mudanza Uno», el 9 de mayo de 1992. © Alejandro Balaguer

Reclusas senderistas realizan un homenaje a su líder Abimael Guzmán en uno de los pabellones del Penal de Canto Grande, en Lima. La fotografía fue publicada el 30 de julio de 1991. © Revista Caretas

Arriba: Abimael Guzmán en el vídeo del Congreso de 1988. © Revista Caretas.
Abajo: Abimael Guzmán en la actualidad. © AFP

Página anterior: Augusta La Torre, esposa de Abimael Guzmán y número dos de la organización, fallecida en circunstancias aún no aclaradas. © Revista Caretas

Arriba: Maritza Garrido Lecca durante su nuevo juicio, entre cristales blindados. © Revista Caretas

Abajo: Óscar Ramírez Durand, camarada Feliciano, jefe militar de Sendero Luminoso. © AFP

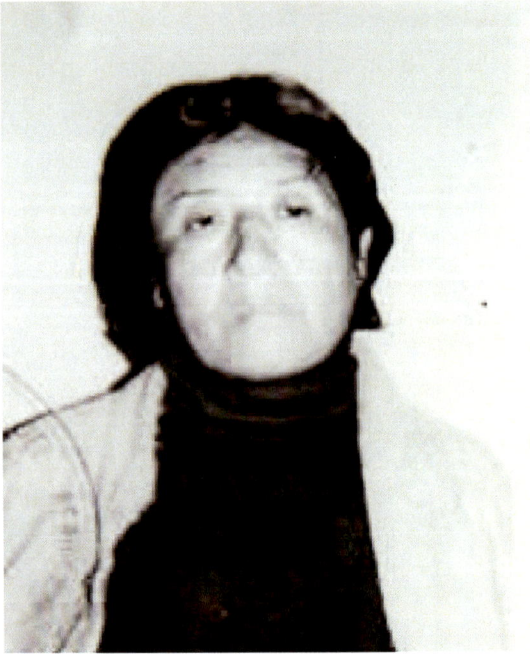

Laura Zambrano es responsable del Comité Regional Metropolitano de Sendero Luminoso.
© Revista Caretas

Abajo: Solicitud televisada del Acuerdo de Paz de 1993. De izquierda a derecha y de arriba abajo: Angélica Salas, Osmán Marote, Martha Huatay, Elena Iparraquirre, Abimael Guzmán y María Pantoja. © AFP

que las armas de fuego habrían llamado la atención demasiado en una casa y que él siempre prefirió evitarlas. Como sea, la única guardia roja que ese día tenía Abimael Guzmán era la mujer que continuó agitando la bandera y protegiéndolo durante todo el asalto: Elena Iparraguirre. Tras las últimas masacres, ella pensaba que lo iban a matar.

Una vez anunciada la captura al Comando, el jefe de la Dirección contra el Terrorismo, Antonio Ketín Vidal, se acercó a la casa de Los Sauces. Previendo que el Servicio de Inteligencia trataría de robarse el crédito por la operación, hizo filmar su entrada a la biblioteca y anunció la noticia a los medios de comunicación.

En la grabación que hizo la propia policía del arresto, Guzmán aún está sentado en su sillón. De entrada, la policía les ordenó que se acostasen boca abajo. Se negaron. Ketín los autorizó a permanecer en su sitio y mandó encender la filmadora.

Elena Iparraguirre aparece más tranquila, pero sigue alerta y se ocupa de que Guzmán esté cómodo y, sobre todo, de que nadie lo toque. Ketín trata a su prisionero con respeto: «A veces en la vida se gana y otras se pierde —le dice—. A usted le ha tocado perder».

Solo ahora, cuando siente que está ante un jefe a su altura, Guzmán habla: «Esto es solo una batalla. Los hombres desaparecen, las ideas quedan».

Fuera del cuadro, contemplando la escena, estaba Benedicto Jiménez. Durante nuestra entrevista, le pregunto por qué no salió en el video. Me responde: «Por cojudo. Entonces pensé que ya habría otras capturas importantes, que ya saldría yo. Después me di cuenta de que no habría ninguna captura tan importante nunca más».

Ahora, Benedicto es un hombre controvertido. A raíz de la captura de Guzmán, ascendió al rango de comandante, pero recientemente lo pasaron a retiro. Algunos de sus colegas opinan que eso fue una injusticia, que él merecía llegar a general. Otros piensan que se volvió muy arrogante después de la captura, que les echaba en cara sus méritos a sus superiores. Y que, por bueno que uno sea, la superioridad se respeta. Tras su pase a retiro ha publicado un libro sobre la captura, y muchos otros artículos suyos se pueden encontrar en su página web. Constantemente, critica en los medios de prensa la política carcelaria del gobierno. Es un secreto a voces que quiere entrar en política.

Días después, le cuento de mis investigaciones a un amigo jesuita, Jorge Villarán. En el comedor de una casa de la Compañía, con unas cervezas, me cuenta que Ketín Vidal dio algunas conferencias sobre la captura ante la Compañía de Jesús.

Jorge tiene buena memoria para los detalles. Su relato coincide palabra por palabra con el de Benedicto, salvo en que el protagonista es Ketín. Y añade dos datos. Ketín dijo que había pedido a la CIA una asesoría en contrasubversión. Los americanos colaboraron hasta el último momento con equipos de alta tecnología. Hasta que detectaron a Guzmán. Un día antes de la captura, se retiraron silenciosamente del terreno.

Aparte de eso, su relato pone más énfasis en sus disputas con el Servicio de Inteligencia de Vladimiro Montesinos, que trató de robarle el crédito desde el primer momento. Según él, la misma noche de la captura apareció un agente para llevarse a Guzmán por orden del gobierno. Ketín le respondió: «Yo solo se lo entregaré al presidente de la República».

No he podido confirmar esta versión con su fuente original, pero las disputas por el crédito subsisten y, de hecho, han costado varias carreras en diversas instituciones. La mayoría de los funcionarios con que me reúno se pasa media hora desacreditando a todos los demás, a la Comisión de la Verdad o a cualquier competidor en el combate por la exclusividad del tema Guzmán.

Yo, por mi parte, recuerdo bien la noche del siguiente video de Guzmán, un día después de su captura. Por orden de Inteligencia, para denigrarlo, el líder de Sendero Luminoso apareció con el torso desnudo, subiéndose los pantalones en la celda, un señor barrigón y despeinado. Llevaba en el pecho el número 15/09, fecha del aniversario de la Policía de Investigaciones. Esa noche, en Lima, todo el mundo estaba contento. Fui a un concierto. El grupo celebró la captura entre aplausos. El público estaba feliz. Por un día, el gris de Lima parecía haberse desvanecido.

Durante las siguientes semanas, los informativos solo hablaban de eso. Los reportajes sobre la captura de Guzmán incluían tomas del interior de la casa. El local había sido previamente acondicionado por el Servicio Psicosocial de Inteligencia. Aparecía sucio y desordenado, lleno de botellas de vino y whisky, y cajas de condones. La gente lo comentaba por la calle. Así que era un borracho, Abimael. Así que le gustaban las putas. Así que organizaba orgías. Dicen que también era drogadicto.

Guzmán pasó dos semanas en los calabozos de la DINCOTE. Para su sorpresa, lo trataron bien. Según un policía: «Lo queríamos de buen humor para que nos contase todo lo que supiese. A veces pedía vino, a veces pedía Vivaldi. Se lo dábamos. La verdad, aparte de eso, era una persona muy humilde y nada agresiva. La otra, la Miriam, ésa sí que daba miedo. Si había que interrogarlos a los dos, yo no le despegaba el ojo a ella».

El mayor Jiménez había planeado incluso el sistema de interrogatorios: «Guzmán es un profesor, le gusta sentirse profesor. Para muchos interrogatorios, usamos a dos subtenientes. Como eran jóvenes, Guzmán se sentía como si estuviese dictando cátedra y hablaba con soltura».

Una vez, uno de los policías le preguntó:

—Señor Guzmán, si yo quiero hacer una revolución, ¿qué me aconseja que lea?

—Échele un vistazo a mi biblioteca, sé que ustedes la incautaron. Debería empezar por la *Historia de la Filosofía* de Dynnik, que no es difícil. Luego, la obra completa de Marx y los cincuenta y siete volúmenes de las obras de Lenin, que conservo en dos ediciones diferentes. Después Stalin, que es más fácil, solo siete tomos. Y finalmente los cuatro de Mao. Hay un quinto, pero fue editado post mórtem y está cargado de revisionismo. Puede prescindir de él.

Tercera parte

La cárcel

9

Luminosa trinchera

El penal para mujeres de Chorrillos está en la cuadra 10 de la avenida Huaylas. La segunda puerta, una salida de vehículos metálica y gris, cerrada y vigilada por un centinela con un fusil, es la sección de máxima seguridad. Los muros miden unos ocho metros de altura, y están decorados con alambre de púas. El día de visita para varones es el domingo.

Los guardias no aceptan como identificación mi tarjeta de residencia española. Tengo que ir a casa a buscar mi pasaporte. De vuelta, atravieso una puerta en la que toman mis datos y dejo el pasaporte, el encendedor y las llaves. Me preguntan a quién voy a visitar. «Maritza Garrido Lecca», respondo.

Levanto los brazos y me registran. Por suerte es verano, porque está prohibido llevar bufandas, sombreros y pelucas, así como prendas de vestir demasiado holgadas, que alguna interna pueda usar para disfrazarse y escapar. Tampoco se puede llevar encima más de 50 dólares o su equivalente en soles. Ni cinturones. Si se lleva comida, los policías abren el envase y lo remueven con una cuchara, para verificar que no esconda nada.

Me dejan pasar. Máxima seguridad consta de tres pabellones. Las senderistas están en el B. Antes las mezclaban, pero ellas siempre odiaron a las presas comunes, a las que consideraban sucias, escandalosas y desordenadas. Las senderistas arrepentidas que han dado información a la policía a cambio de beneficios penitenciarios son desterradas a los pabellones comunes, por ejemplo, con las asesinas.

Los pabellones están rodeados por unos pequeños jardincitos y tienen un quiosco, en el que las visitas pueden comprar unas galletas o una bebida para sus internas. Mientras me acerco al pabellón B, espero un recibimiento marcial y seco. Recuerdo unas fotos de presas senderistas de la exposición de la Comisión de la Verdad. Veinte mujeres con camisas rojas y gorras negras desfilan ante un retrato mural de Abimael, cuyo rostro aparece presidiendo a las masas sobre el fondo de una bandera con la hoz y el martillo. Las presas levantan el puño con banderas rojas en las manos. Arriba del muro, a su derecha, se lee:

«Nada es imposible».

Las mujeres jugaron un rol importante en Sendero desde el principio. De los 1.451 alumnos matriculados en la Universidad San Cristobal de Huamanga en 1968, 403 eran alumnas. Y en la facultad de educación constituían la abrumadora mayoría. Las dos compañeras de Guzmán en la dirección de Sendero Luminoso serían dos educadoras, Augusta La Torre y Elena Iparraguirre, y las dos fueron sucesivamente parejas de Guzmán. Sendero siempre afirmó con orgullo que el 40 por ciento de sus cuadros eran mujeres. Las fuentes policiales las sindican como líderes de los comandos de aniquilamiento.

Bombea en mi cabeza un diálogo del libro de Uceda. Es la conversación entre una senderista ayacuchana y su interrogador. Él trata de provocarla ideológicamente:

—Quisiera que me explicaras cómo, matando a campesinos, ustedes conseguirán una revolución apoyada por el pueblo. Lenin decía que todo con las masas, nada sin ellas. Lenin se reiría de Abimael Guzmán.

—Si se lo explico no lo entendería, porque usted es un perro guardián.

—Yo lo que entiendo es que has terminado aquí, jodida.

¿Entiendes que, si colaboran, aún tienen esperanzas?

—Yo ya estoy muerta, pero el partido nunca va a morir. Cuando yo esté muerta, el partido lo aniquilará. Además, yo moriré sabiendo que venceremos. En cambio, usted morirá sin saber por qué.

Ante su interrogador, la senderista cumplió la «regla de oro del partido: ser mudos, sordos y ciegos ante la reacción y cuidar al partido como a la niña de nuestros ojos». Después del interrogatorio, un agente se quedó con ella, y trató de provocarla de una manera menos sutil:

—Ahora quiero que me grites como al otro. Anda, grítame.

Y desde ahora quiero que sepas que voy a cacharte [follarte].

Ella nunca bajó la mirada de sus ojos, donde la tenía clavada.

—No te tengo miedo.

Nadie en el cuartel parece haberse atrevido a violar a esa mujer. Un manual de entrenamiento contrasubversivo de la policía peruana describe así a las senderistas: «Son más determinadas y peligrosas que los hombres, tienen conductas absolutistas, y se consideran capaces de desempeñar cualquier misión, poseen la dicotomía de la debilidad y la dureza, son indulgentes, sumamente severas... explotan al prójimo, son impulsivas y arriesgadas».

Pero mientras llego a la reja del pabellón B, más que eso, me preocupa la burocracia. He escuchado miles de historias sobre los interminables conciliábulos senderistas ante la llegada de un desconocido. Muchos periodistas se han pasado horas en la puerta de los pabellones, mientras los senderistas decidían en asamblea si lo dejaban entrar o no. Ni siquiera tengo claro qué le diré a Maritza. He hablado con un tío suyo. Dice que a ella le gusta recibir visitas.

Si con algún senderista puedo hablar, es con Maritza. Ella vivió con Guzmán pero no es estrictamente una militante, de modo que quizá no sea tan rígida como los demás. Además, es una pituca —una pija—, como yo. Sus padres tenían un restaurante cerca de mi casa, y su apellido tradicionalmente ha estado vinculado al arte, la música y la cultura.

Quizá debido a eso, ella siempre despertó cierto morbo sensacionalista como chica de clase alta metida a senderista. Basado en su figura, Nicholas Shakespeare escribió una novela que John Malkovich llevó al cine. Javier Bardem hacía de Benedicto Jiménez, pero en la película se enamoraba de la bailarina que cuidaba al líder terrorista. No me puedo imaginar a Jiménez y Maritza enamorados. No era muy buena película, la verdad.

En la puerta del pabellón, quedo en manos de una senderista de camisa crema y falda negra. Debe tener cuarenta y tantos años. Me dice su nombre, pero todos ahí la llaman Aída, así que la llamo así yo también. Maritza tiene visita, pero me permiten esperar ahí cerca, en una mesa del patio.

Hay tres internas sentadas en esa mesa. Lejos de la marcialidad ideológica que esperaba, las tres tienen una sonrisa gigantesca. Me ametrallan a preguntas. Quieren saber quién soy, a quién visito, de dónde vengo, si España es bonita, si está muy lejos, a qué me dedico. Nunca me habían recibido con tanto entusiasmo. Imagino que se aburren. Sobre todo las que llevan quince o veinte años. Cualquier cara nueva les hace ilusión.

Solo cuando digo que soy periodista, noto un cambio de actitud. No es agresivo. Ni siquiera explícito. Pero sin perder la sonrisa, las tres se retiran una tras otra y me dejan con Aída. Quiero fumar. Las internas mueven cielo y tierra para buscar el único encendedor del pabellón y una conchita que sirva de cenicero. No sé qué decir. Trato de ser familiar.

—¿No tienes visitas hoy?

—A veces viene mi hija. Pero no viene mucho.

—¿Qué edad tiene?

—Veinte.

—¿Y hace cuánto que tú estás aquí?

—Diecinueve.

—¿Te llevas bien con ella?

—Bueno, para ella es difícil entender algunas cosas. Ahí afuera se dice de todo sobre nosotras. Que somos unos monstruos.

—¿Y tú qué le dices?

—Ya me estás haciendo la entrevista, ¿ah?

—...

—La prensa se ensaña con nosotras. Dice que somos salvajes. Si las mujeres se movilizaron como lo hicieron es porque son las más oprimidas. Pero es mentira todo lo que se dice de que dirigíamos comandos de aniquilamiento y éramos sanguinarias.

Le pregunto por el libro de Robin Kirk sobre las mujeres de Sendero. Creo que es un libro bastante ecuánime, que no las deja mal paradas. Pero a Aída tampoco le gusta. Dice que está lleno de mentiras. Comenta: «Somos humanas. Hemos cumplido penas muy largas. Hemos pedido un acuerdo de paz. ¿De qué servimos aquí dentro? Afuera, al menos podríamos trabajar por nuestras familias, reunirnos con ellas».

Finalmente, Maritza despide a su visitante y se acerca hacia nuestra mesa sonriendo.

La única vez que la he visto antes fue en la televisión, el día de su presentación pública, después de la captura. Gritaba: «¿Esto es una conferencia de prensa? ¡Esto es una farsa!». Y había odio en sus ojos, un odio visceral. El oficial de la DINCOTE me contó que, durante sus primeros días detenida, Maritza era de las más irascibles. Gritaba que la soltasen y negaba todo, hasta lo más indudable. «Era una pituca, pues. Te miraba con el desprecio de las pitucas cuando no quieren bailar contigo, sumado a la rabia de las terroristas.» La situación duró varios días, hasta que le mostraron un video de Guzmán conversando tranquilamente con sus interrogadores. Al verlo, ella lloró largamente. Pensaba que lo habían matado. Luego se tranquilizó y fue más colaboradora.

Esta mañana, sin embargo, su mirada parece un remanso. Tiene unos ojos claros y grandes, y lleva el pelo recogido en una trenza que cae sobre su blusa roja con adornos chinos. Es atractiva, aunque pálida. Creo que no deja de sonreír durante toda la conversación.

—Tu tío Celso me sugirió que hablase contigo...

—Ajá...

No sé si decirlo. Quizá no deba decirlo. Pero lo digo:

—Soy periodista. Trabajo para el diario *El País*. Estoy escribiendo un reportaje sobre el señor Guzmán.

—Ajá...

—Y pensé que me podrías ayudar.

—Ah. Te agradezco tu sinceridad. Pero no quiero hablar con la prensa. He tenido muy malas experiencias. A veces ha venido gente a verme, incluso amigos míos, y luego me he encontrado nuestras conversaciones en los periódicos. Y deformadas, además.

Ya he entrevistado a gente que se niega a hablar de un tema. Es sorprendente la facilidad con que, si se cambia el punto de vista, terminan hablando de todo lo que acaban de decir que no hablarían. Es cuestión de que se relajen, se sientan cómodos, se sientan escuchados. Es un proceso lento pero, con cierto oficio, no es difícil. Decido intentarlo. Total, a ella no le molesta conversar. No lleva una agenda muy recargada.

Hablamos de danza. Maritza lleva una compañía de danza en el pabellón. Les enseña a las internas a usar su cuerpo para expresarse, con frecuencia, para narrar mediante la danza sus experiencias o, como ella dice, sus luchas.

—¿Y tú crees que el arte puede cambiar algo de la sociedad? —pregunto—. Siempre he creído que no.

—Claro que sí. Si me quitas esa idea, me quitas todo. Es por lo que he vivido.

Maritza estudió en mi universidad. Educación. Tenemos algunos conocidos comunes, sobre todo poetas. También era amiga de la actriz Aurora Colina. Fue Maritza la que le llevó a Abimael el cuy preparado por mi amiga. Pero tampoco habla de nadie a quien pueda meter en problemas. Dice que no sabe. No se acuerda.

Pronto, voy descubriendo que, como las senderistas de la mesa, es ella la que quiere saber de mí. Y del mundo. Me pregunta si puedo hacer que les envíen el diario *El País*. Dice que no confía en la prensa nacional. No tiene acceso a Internet, pero tienen una radio en el pabellón que a veces capta emisoras europeas. Conforme me pregunta por las noticias, se nos van sumando otras internas. Para cuando empiezo a hablarles de Bin Laden, ya tengo un auditorio atento de unas seis mujeres que escuchan absortas. Nunca nadie había mostrado tanto interés por lo que yo tuviera que decir. Le cuento que se ha formado una resistencia suní en Irak, y que Al Qaeda da golpes casi todos los días. Mucha prensa en Europa. Una de ellas pregunta con ilusión:

—¿Y Al Qaeda son antiimperialistas?

—Bueno, no exactamente. Sus banderas son más bien religiosas.

—Pero atacan a Estados Unidos.

—Sí.

—Entonces son antiimperialistas.

Otra de ellas me da la mejor explicación que he escuchado en mi vida sobre por qué las mujeres de la sierra son sumisas y las de la selva, calientes: «En la sierra, la tierra es dura de labrar, árida. Se necesita fuerza para cultivar. Por eso las mujeres necesitan un hombre. Por muy miserable que sea el marido, no pueden soltarlo. Tiene que aguantar todo. En cambio, en la selva, la tierra es mejor y hay más agua. No necesitan a los hombres. Por eso tienen esa fama».

Maritza y Aída me regalan una copia de su denuncia de inconstitucionalidad contra el estado que llaman genocida y me muestran sus instalaciones. Es un lugar limpio y ordenado. Las paredes del pabellón están forradas de cuadros estadísticos que se usan en los cursos de realidad social. Hay un taller de costura y una tienda de productos artesanales elaborados por ellas. También hay una biblioteca con novelas y cuentos. No encuentro libros políticos. Lo único que me recuerda a la biblioteca de Guzmán es un volumen de la *Historia de la Filosofía* de Dynnik.

No consigo mucho en claro para mi reportaje. Percibo que las entretengo, pero no confían en mí. Encuentro un ejemplar de la novela *La voz dormida* de Dulce Chacón, y trato de aprovecharlo para intentar un acercamiento.

—¿Este libro les gusta?

—Es el mejor. Es un éxito aquí en el penal. Nos sentimos muy identificadas con las presas republicanas.

—Yo publico mis novelas en la misma editorial que ella.

—¿En serio? —Se les abren los ojos—. ¿Cómo está Dulce?

—Muerta. Tuvo cáncer el año pasado. Fue muy repentino. Aída suspira.

—Pobre compañera. Nos ha escrito un libro tan lindo y ahora es la única que está peor que nosotras.

Hago otro intento por acercarme. Comento intencionadamente que *El País* es un periódico de izquierda. Pero Maritza se ríe.

—¿Así que a ti te parece que *El País* es de izquierda? Maritza sospecha que todo está resurgiendo. Opina que en España la izquierda tiene mucha capacidad de movilización. Habla de las manifestaciones contra la guerra, que «demostraron que los españoles están masivamente en la izquierda».

—Bueno, Maritza. A esa marcha fueron también los de derecha. Esa guerra no la quería nadie. ¿Para qué?

—¿Sí?

—En las manifestaciones contra la guerra vi una monja que gritaba: «¡Juan Pablo Segundo, te quiere todo el mundo!».

Ella se ríe.

Cada cierto rato me habla mal de los periodistas. Dice que sueltan su venenito siempre, que nunca son objetivos. Me siento obligado a decir:

—Bueno, Maritza, pero yo no tengo tus ideas. Lo que yo escriba puede no gustarte.

—Claro. El mundo sería muy aburrido si todos pensáramos igual.

Aída y Maritza me acompañan todo el tiempo. Por respeto a su intimidad, prefiero no pedirles que me muestren sus celdas. Su mundo es tan pequeño, tan encerrado en el pabellón B, que temo quitarles el último rincón de su privacidad. Maritza me pregunta:

—¿Y qué piensa tu familia del reportaje que estás haciendo?

—A mi abuela no le gusta. La mayoría de gente me cambia de tema si hablo de esto. Pero a mis papás les da curiosidad.

Finalmente, visitamos un comedor. Hay una exposición de sus últimos trabajos plásticos. Los cuadros tienen dos temas recurrentes: las luchas sociales, manifestaciones y marchas sindicales; y la distancia de sus familias: abrazos, despedidas, separaciones. Una pintora está ahí. Ha horneado una torta de cumpleaños. Por encima de la torta ha escrito «Feliz cumpleaños Ricardo» con leche condensada. Está visiblemente nerviosa. No sabe si Ricardo va a venir. No tiene teléfono.

En el fondo del salón hay unos cuadros más densos y elaborados. Dibujan figuras sombrías, humanas pero etéreas, de colores pesados e intensos.

—Éstos son más abstractos —comento.

—Son más simbólicos.

Tienen títulos como *El hambre* o *La mujer.*

—Claro, abstractos —repito.

—Simbólicos —insiste Aída.

Son las acuarelas de Elena Iparraguirre, camarada Miriam.

La profesora Elena Iparraguirre estudió en un colegio de monjas hasta tercero de secundaria. Según su entrevista personal con la Comisión de la Verdad, le gustaban sus cursos de historia de la Iglesia. Le encantaba la figura del profeta Pablo de Tarso y la lucha de Teresa de Ávila. Apreciaba a los jesuitas. Su madre le daba de leer las vidas de mujeres célebres y su padre era un coronel de la Guardia Republicana que había sido dirigente aprista. Durante la persecución de Odría, su padre fue arrestado. Al salir de la prisión, renunció al partido.

Su padre pesaba casi 120 kilos y tenía que hacer dieta. Ella lo acompañaba a caminar para que hiciese un poco de ejercicio. Durante esas caminatas, él le hablaba de Bolívar, de la masonería, de la Revolución francesa. Como Guzmán, tuvo un cambio de clase social en su vida, pero a peor: al llegar a Lima a los trece años, para no perder el año escolar, la inscribieron en un colegio público. Al primer mes, hubo una revuelta de chicas que tomaron el colegio. Se sumaron a la huelga los maestros y hasta llegaron estudiantes de Bentín para una protesta que duró tres meses.

Desde pequeña fue muy sensible al prójimo. Progresivamente, fue cambiando la catequesis por el trabajo social. Según su madre, «Leny trabajó en los jardines de infancia en los pueblos jóvenes, y es aquí donde vio el abandono y miseria que existía en su país, sufría porque se sentía impotente de hacer algo por ellos; aunque llegó a organizar a los padres de familia con cartelitos en marchas al Ministerio de Educación solicitando mejoras en los centros de estudio, ya que éstos eran de esteras y los asientos, de adobes y ladrillos, fue inútil, les contestaban que era prioritario arreglar las oficinas de los jefes». Años después, en la facultad de Educación de La Cantuta, descubrió al Partido Comunista del Perú.

Ingresó en Socorro Rojo, para atender a los presos, y conoció a Guzmán. A partir de este momento, ella narra su historia en términos de luchas, eventos del partido y movimientos femeninos obreros. En 1970, viajó a París a especializarse en educación de niños con retardo mental. Volvió al Perú entusiasmada con Mayo del 68 y la revolución. También llegó un momento de opción por la sujeción total. Al pasar a la clandestinidad, abandonó a su esposo y a sus dos hijos y marchó con Guzmán. Su madre considera que «fue muy valiente porque quería muchísimo a sus hijos».

Su familia nunca volvió a saber nada de ella. Solo cuatro años después de denunciarla por abandono del hogar, la volvieron a ver por televisión, en los videos del Congreso de Sendero. Hasta hoy, su esposo e hijos residen en Canadá.

Como Maritza, Miriam tiene fama de mujer dura. El día de su captura, fue ella la que se negó a acostarse boca abajo. Guzmán estaba sentado con aire ausente, y ella lo protegía armada con una banderita roja. Cuando vio la cámara, trató de arreglar un poco a Abimael, para que saliese digno. Él estaba sorprendido pero atento. Cuando llegó el fiscal, Guzmán lo saludó con una inclinación de cabeza. Ella le preguntó directamente:

—¿Usted de dónde es?

—De Iquitos —respondió él.

—El partido está ahí desde hace años.

El fiscal tuvo que salir de la habitación y preguntar, aterrado, si eso era verdad. Los policías le dijeron que no.

El coronel Jiménez, un hombre irónico y consciente de su victoria, no le tenía tanto miedo a la camarada Miriam: «De vez en cuando hasta bromeaba con ella. Una vez le pregunté: "Oiga, señora Iparraguirre, pero el señor Guzmán está ya un poco viejo.

¿Le funciona todavía o no funciona?”. Ella se rió. Me dijo: “Ay, comandante. Usted no entiende el amor en el comunismo. No necesariamente es algo físico”».

Miriam fue presentada con el traje a rayas, el 22 de septiembre, poco antes de las cuatro de la tarde, en la cancha de fulbito de la 34 comandancia de la Policía Nacional del Perú. Estaba acompañada por las otras dos mujeres de la casa, Laura Zambrano Padilla, de cuarenta y seis años, y María Guadalupe Pantoja Sánchez, de treinta y ocho años. La presentación duró quince minutos y contó con la presencia de ciento cincuenta periodistas nacionales y extranjeros. Las mujeres salieron enmarrocadas. María Pantoja, natural de Ancash, nacida el 7 de agosto de 1954, soltera, psicóloga desempleada. Apenas fue dejada sola en el precario tabladillo, comenzó a gesticular y, levantando la voz, lanzó arengas y vivas, llegando a gritar que el partido no estaba vencido. Luego fue presentada Laura Zambrano, soltera, pedagoga de profesión, sin ocupación conocida y natural de Ancash.

Elena Albertina Iparraguirre Revoredo de cuarenta y cinco años, se mostró algo distinta. Trató de rodearse de una aureola de dignidad. Caminó lentamente con paso seguro y la mirada altiva, acerada, brillosa. Clavó la mirada en las cámaras de televisión e inició el discurso que tenía preparado para sus seguidores: «¡Camaradas! El partido está pasando por un momento histórico...». Luego diría otras frases como la «lucha armada», la lealtad al «Presidente Gonzalo» y la fe en «el triunfo de obreros y campesinos en una república de nueva democracia».

Dos días después, se le permitió ver una vez más a Guzmán para despedirse en la DINCOTE. No sabía adónde lo llevarían. Ella lloró y lo abrazó. Él mantuvo la calma, como siempre. En un poema dedicado a Guzmán, Iparraguirre destaca ese rasgo de su carácter:

Ni un lamento
No llora
Abajo navega su alma Y dice así es, sea así
Otro será el mañana
En la penumbra de su celda quieto.

Miriam empezó a escribir poemas desde su primer aislamiento, para no perder la cabeza. Los hacía mentalmente. No se le permitía escribir. Ahora, una selección de ellos se puede encontrar en Internet. Otro de sus textos, dedicado a sus hijos, explica por qué los abandonó:

¿Por qué yo salí de un portazo sin mirar atrás?
Porque hacía frío al frente y yo tenía una cobija Porque había
hambre abajo y yo sabía cocinar
Porque volaban vampiros y los podía cazar
Porque había tanto que hacer para volver el mundo al revés
Que bajo el sol rojo me hice soldado y volví a nacer.

Según contó a la Comisión de la Verdad, solo uno de sus hijos la visitó una vez. Ella lo había dejado como un pollito, y ahora era muy grande. Fuera de eso, su única visita regular durante todo el gobierno de Fujimori fue su madre, una vez cada dos semanas, según estaba permitido.

Dos veces al mes, la señora Blanca Revoredo, atravesaba los tres registros personales y las siete puertas metálicas que encerraban a su hija, y muy de vez en cuando compartía con Guzmán unos minutos. Su descripción de Guzmán es la siguiente: «Es muy serio, muy correcto. A veces sale un ratito y conversa, pero generalmente me deja con mi hija. Él no tiene nadie que le visite, solo se comunica con su ex suegra, la mamá de Augusta La Torre, quien lo adora, lo respeta mucho. Es muy caballero, muy distinto a lo que se dice. Tiene psoriasis y le dan crisis. De hecho, al trigésimo día de la última huelga de hambre le dio una y Elena tuvo que gritar para que lo auxiliaran. Tienen que vestirlo y arreglarlo y todo eso lo tiene que hacer Elena».

Eso lo dijo la señora Blanca en una entrevista el año pasado, antes de que separasen a la pareja. Se sabe por esa entrevista que sus hijas no quieren ir a la Base Naval y sus hermanos no quieren ni ir a su casa, que la Dirección contra el Terrorismo mantuvo vigilada varios años. Recientemente, el coronel Jiménez declaró que Guzmán coordina a los senderistas presos mediante un «correo de brujas» que transmiten sus visitas. Pero la única visita es Blanca. Ella dice que no le importa si la meten presa. Que sería más feliz en la cárcel con su hija.

Miriam está aislada en el penal de Santa Mónica. Cerca de mí. No sé dónde. Mi hermana, que ha trabajado en cárceles como psicóloga, dice que la tienen en el venusterio, y que todas las internas no senderistas están furiosas porque ahora no tienen dónde disfrutar encuentros íntimos con sus parejas. Le echan la culpa.

Según mi hermana, las internas suelen llevarse muy mal entre sí: «Algunas llevan quince o veinte años siempre viendo las mismas caras. Imagínalo. Es como un Gran Hermano pero nadie te ve y nunca se acaba. Terminan peleándose a muerte por un jabón o por cigarrillos».

Al menos hoy, las internas parecen llevarse bien. Lo hacen todo juntas. En el patio del pabellón B han pegado carteles exigiendo un régimen penitenciario más normal para la camarada Miriam. Dicen que ésa es la lucha que llevan de momento.

Creo que es hora de irme. Hago un último esfuerzo por conseguir un dato.

—Maritza, solo quiero hacerte una pregunta. Dime una palabra, un adjetivo. ¿Cómo lo describirías?

Ella siempre sonríe.

—¿A quién?

—A Guzmán. Al doctor Guzmán. Maritza me mira sorprendida.

—Yo no conocí a esa persona. Sabía que en el piso de arriba vivía Miriam, pero no sabía con quién estaba.

Ésa es su defensa legal.

Me despido ofreciéndole libros. Puedo pedirle a la editorial que les envíe un paquete para su biblioteca. Ella responde que preferiría periódicos.

Al día siguiente llamo a la editorial y pido que les envíen una caja de libros. Las señas del destinatario son: Pabellón B. Máxima seguridad. Penal para mujeres de Santa Mónica. Huaylas, s/n. Chorrillos.

La secretaria me dice que no hay problema, pero sé que esos libros nunca serán enviados.

10

Luchar por un acuerdo de paz

Algo dentro de mí está funcionando mal.

Al principio de la investigación tenía pesadillas. Imaginaba a los miembros del Comité Central que aparecen en los videos senderistas y no podía dormir. Me parecía estar persiguiendo a un grupo de psicópatas, de fanáticos sanguinarios. Sin embargo, cuando hablas con alguien, inevitablemente le atribuyes humanidad. Es un mecanismo natural. No quiero decir que te vuelvas su defensor o su simpatizante. Es solo que es más difícil odiar con tranquilidad a alguien con quien has conversado. Algo en tus defensas morales se viene abajo cuando te ves obligado a reconocer que el monstruo habla tu idioma, tiene amigos; en suma, no es tan distinto de ti.

Isaiah Berlin dice que «entender los movimientos o conflictos históricos entre los seres humanos es, ante todo, entender las actitudes hacia la vida que llevan implícitos, pues esto es lo que hace que sean parte de la historia humana y no meros sucesos naturales». Benedicto Jiménez comparte sin saberlo la filosofía de Berlin cuando afirma: «Para entender a Sendero hay que pensar como un senderista». Si quiero comprender a cualquier humano, debo atribuirle una humanidad como la mía. Pero ¿como explico entonces las conductas inhumanas? ¿Cómo pueden ellos? Tanto los militares como los terroristas aparentan ser razonables en una conversación, pero ninguno puede creer que su contrario también pueda ser razonable. Cambiar esa opinión les obligaría a cuestionar el sentido de sus propios actos, a enfrentarse con la posibilidad de haber vivido en el error.

Y para colmo, está lo de la ideología. La inmersión en un corpus de ideas te obliga a asimilar esas ideas de un modo u otro, a incorporarlas en tu visión del mundo. Las lecturas marxistas y el contacto con los simpatizantes de Sendero han inoculado un componente inesperado en la mía. Lo he notado con los mendigos. Siempre he estado acostumbrado a ignorarlos, a fingir que no existen, a seguir de largo al verlos por la calle. Es un mecanismo de defensa, porque son demasiados y no puedes darles dinero a todos. En estos días, sin embargo, no consigo invisibilizarlos. Al contrario, la conciencia de que quiero actuar como si no estuvieran me hace sentir culpable e incrementa mi rabia.

Además, estoy perdiendo el sentido del humor. Como vivo absolutamente obsesionado con el tema de la guerra, me molesta que los demás no se obsesionen también. Siento que a nadie le importa, que han muerto miles de personas y todo el mundo prefiere no verlo. El mundo entero empieza a parecerme frívolo.

La primera reacción ante esto es ser excesivamente insistente. En cualquier conversación hablo de la guerra. La veo por todas partes, en las noticias políticas y hasta en las telenovelas. Para mí, de momento, todo tiene que ver con la guerra o con nuestra insistencia por negarla. Después de un rato de soportarme, la gente tiende a cambiar de tema. Entonces siento que no me escuchan, y se opera un giro inédito en mi percepción. Comienzo a pensar que soy una persona moralmente superior, porque a mí sí me interesan estas cosas tan importantes. Y, como consecuencia lógica, me empiezo a considerar una víctima, un hombre ignorado porque dice algo importante, demasiado importante para escucharlo. Una víctima por decir la verdad en un mundo que se resiste a abrir los ojos. Esa posición te autoriza a ciertas cosas, como levantar la voz, imponer tu opinión y despreciar las ideas o silencios ajenos. No consigo relajarme ni siquiera en la playa. Un domingo voy a Asia, un circuito costero al sur de Lima. En Asia puedes conseguir vino francés y embutidos españoles. También hay galería de arte, tienda de muebles y asesorías en decoración. Para la vida nocturna veraniega, ha desarrollado un sistema de bares y discotecas hasta formar una especie de ciudadela con vista al mar.

Es el sitio perfecto para disfrutar.

Y sin embargo, yo solo consigo percibir las cosas en términos sociales: en Asia, las empleadas domésticas no se pueden bañar; ni siquiera están autorizadas a bajar a la playa en ropa de baño. A los propietarios les resulta antiestético verlas. Trabajan los domingos más que nunca y solo pueden entrar debidamente identificadas, sobre todo en el carro de la familia. Duermen ahí, entre las murallas que protegen a los propietarios de los barrios pobres de alrededor. Todo eso me produce una rabia que nunca antes había sentido. Hasta hoy, desaprobaba estas cosas fríamente pero no les daba demasiadas vueltas.

Frente al mar, mis amigos discuten de política. Estamos bebiendo cervezas y comiendo cebiches bajo una sombrilla. Una chica rubia se declara socialista. Su esposo le responde: «Eso ya no tiene sentido. Fui a Cuba el año pasado. ¿Sabes qué? Es un país profundamente injusto. En los hoteles y playas para turistas, los pobres no pueden entrar».

Entonces escucho las palabras salir de mi boca, casi libres de mi voluntad: «En esta playa tampoco, en este país liberal».

Él se ríe. Yo descubro que me cuesta contener la rabia, y que tengo ganas de golpearlo. Pero el escándalo que quiero montar está fuera de lugar. Solo estamos conversando, solo me está exponiendo una opinión. La suya me parece una lectura indignante de la realidad, una muestra flagrante de cómo nuestros privilegios nos permiten criticar en otros sistemas lo mismo que nos beneficia en el nuestro. Una opinión —y yo jamás había usado este insulto— «burguesa», contra la que no queda ningún espacio para la discusión, contra la que otros medios quedan autorizados.

A lo largo de toda esta investigación he estado jugando con mi cerebro. La ideología determina lo que ves en cada lugar y cómo lo percibes. Lo que antes me parecía terrible pero cotidiano, ahora me hace sentir culpable y furioso. Siento vergüenza de ser lo que soy. Uno puede escapar de un medio social o de un país, pero no es posible huir de tus propias ideas.

Por supuesto, en mi caso, no tendrá ninguna consecuencia. Soy un burgués satisfecho, y dejé atrás la edad universitaria. Muchas de mis ideas, buenas o malas, a estas alturas están demasiado arraigadas. Terminaré la investigación, me sumergiré en otra cosa y esto habrá terminado. Pero estoy padeciendo un brote de radicalización, y es como una enfermedad. Comprendo que, en el caldo de cultivo adecuado y a la edad propicia, mi rabia prendería, buscaría una manera de expresarse, una válvula de escape, una voz atronadora, tan sonora que nadie pudiese dejar de escucharla.

La presentación oficial de Abimael Guzmán se realizó en el patio de la DINCOTE el 24 de septiembre de 1992. El día anterior, la Base Lima de Sendero había enviado a la prensa el siguiente comunicado:

> La detención del Presidente Gonzalo, jefe del Partido y la Revolución, se enmarca dentro del plan de mayor genocidio contra el pueblo, sueñan los reaccionarios que con este hecho aniquilarán a la Revolución, y no saben que a más sangre que derraman su fin está más cerca. Exigimos a la dictadura genocida de Fujimori respeto a su salud y a su vida. El Partido Comunista del Perú sancionará ejemplarmente a todos los que pongan sus sucias manos sobre el Presidente Gonzalo. ¡Viva el Presidente Gonzalo! ¡Viva la guerra popular! ¡Dar la vida por el Partido y la Revolución!

Ahora entrevisto a un oficial de Inteligencia. Es como una película. Es de noche y conversamos con las luces apagadas, en el estacionamiento de un restaurante para carros, el Tip Top de Miraflores. Bebemos cervezas. Nuestro hombre de contacto, que sabe que el periódico va a pagar la cuenta, bebe Pisco Sour. Conversamos de varios temas. Los de Inteligencia siempre tienen la mejor historia, la que un periodista quiere escuchar. Después de lo que te cuentan, no necesitas más. El único problema es que he sido periodista en la época de Fujimori, y sé que todo puede perfectamente ser mentira. Pero también puede noserlo.

En cualquier caso, la historia de mi oficial es así: el Servicio de Inteligencia de Vladimiro Montesinos se ocupó de la puesta en escena de la presentación para convertirla en un operativo psicosocial de humillación pública. Guzmán fue exhibido con el traje a rayas de los presos de caricatura y encerrado en una jaula, como una fiera. El oficial cuenta que «al principio pensamos raparlo y afeitarlo antes de la presentación. Pero su infección cutánea le produce manchas, y temíamos producir la imagen de que lo habíamos golpeado o maltratado».

Elena Iparraguirre recuerda su propia presentación con traje a rayas como un hecho «denigrante, espantoso». Pero si la suya fue un espectáculo, la de Guzmán fue una superproducción. A él, los periodistas asistentes lo odiaban quizá más que los policías. Y entre ellos había agentes de Inteligencia encubiertos. Desde que se abrió el telón que cubría la jaula, empezaron a provocarlo con pifias y silbidos. «¡Asesino! ¿Te gusta tu uniforme?» Guzmán escuchaba con las manos en la espalda, sobrevolado por helicópteros. Afuera, el edificio estaba rodeado de tanquetas y carros de combate.

Al principio, Guzmán guardó la compostura. Se le veía hasta sonriente. Pero la provocación fue haciendo efecto. Empezó a dar vueltas por la jaula, como un león enjaulado. Tras unos minutos, inició una arenga: «¡Combatientes del Ejército de Liberación Nacional! ¡Camaradas!... Algunos piensan en la gran derrota. Hoy les decimos que es simplemente un recodo en el camino ¡Nada más!». El discurso incluyó instrucciones de combate: «Debemos proseguir con las tareas establecidas en el tercer pleno del Comité Central... Seguiremos desarrollando el sexto plan militar.

¡Eso es tarea! ¡Eso haremos!». Su brazo izquierdo seguía atrás, pero el derecho se agitaba en el aire para dar énfasis a sus palabras. Tras los lentes oscuros se adivinaba la rabia en sus ojos. «Estos doce años de lucha han servido para demostrar e ilustrar al pueblo que el estado peruano, el ejército peruano, es un tigre de papel, está podrido.» Y con el puño cerrado en alto: «Los que tienen oídos, úsenlos; los que tienen entendimiento, manéjenlo... la guerra popular vencerá i-nevi-tablemente. Tener fe en el futuro nacimiento de la República Popular del Perú. ¡Honor y gloria al pueblo peruano! Eso es todo».

Aún tenía el puño levantado cuando cerraron la cortina de la jaula.

De madrugada, una unidad de la Fuerza de Operativos Especiales con uniforme de combate le puso una capucha y lo subió a una lancha. Durante el traslado, Guzmán escuchó solo el sonido del mar y el sonido de las botas militares. Nadie le dirigió la palabra.

La lancha se detuvo en la isla de San Lorenzo, en una antigua cárcel clausurada. Bajaron a Guzmán y le quitaron la capucha. Frente al preso hinchado y asustado, estaba el director de Inteligencia Naval, Américo Ibárcena. Sus hombres también vestían uniforme de combate. Ahora, Ibárcena está preso por sus vínculos con Vladimiro Montesinos. Pero el oficial con que converso estuvo ahí: «En realidad, la primera idea de Montesinos fue fusilarlo. La Constitución no contemplaba la pena de muerte, pero estábamos en estado de excepción y la decisión habría sido bien recibida por el país. El decreto que ordenaba su ejecución se llegó a redactar. Era elegantísimo. Remitía a un argumento de santo Tomás de Aquino sobre retirar a las partes enfermas de la sociedad, algo así. El pelotón de fusilamiento fue seleccionado, pero el Consejo de Ministros se negó a firmar la orden. Si lo hubiera hecho, Guzmán habría muerto esa noche, en San Lorenzo, o poco después».

No murió. Lo encerraron en una celda muy pequeña de la que no salía en todo el día. Dos mil soldados provistos de armas automáticas, junto con un submarino, custodiaban la isla, y para llegar a la celda había que abrir veinte candados, cada uno en manos de un oficial distinto. En el desayuno, almuerzo y cena, entraban los agentes a interrogarlo. El reo se aburría tanto que los recibía ansioso por hablar.

«Era un sectario y un egocéntrico —recuerda el oficial—. Si le inflábamos el ego, nos diría lo que quisiéramos. Y sabíamos cómo hacerlo porque habíamos leído su propia biblioteca. Eso sí, era un brillante organizador con una notable capacidad para descubrir reglas de todo, desde la política hasta la física. Había predicho el golpe de Fujimori, por ejemplo, en su lenguaje: "Ante el centralismo democrático del partido, la otra colina aplicará centralismo burocrático". Eso lo había escrito en 1991, el golpe fue en 1992. Y sin embargo, fuera de esas reglas, era absolutamente inflexible, incapaz de enfrentar la realidad.»

Durante los siguientes días, de acuerdo con el código militar, el estado le abrió un proceso sumario.

Al año siguiente, en la campaña electoral de un candidato fujimorista se vieron las únicas imágenes que han circulado de esos juicios. Guzmán comparece en una jaula con el traje a rayas, las manos en la espalda y la mirada altiva. Los jueces, fiscales y la guardia de seguridad armada están encapuchados. Guzmán aceptó todos los cargos y asumió la responsabilidad por sus subalternos. Fue condenado a cadena perpetua, que cumpliría en la Base Naval del Callao.

La detención de Guzmán no significó el fin automático de Sendero Luminoso. Tomó el relevo el camarada Feliciano, Óscar Ramírez Durand, que lideraba a sus columnas en la Sierra Central y las rebautizó como Sendero Rojo.

Según Benedicto Jiménez, Feliciano es «irascible, colérico, pierde el control fácilmente y no tolera ninguna falta. En Razhuilca casi mata a su mujer con un fusil, y estando ebrio mató a cuatro de sus guardaespaldas por descuidar su seguridad personal».

Como ingeniero e hijo de un general del ejército, combinaba hábilmente la estrategia militar con la fabricación de bombas caseras.

Sin embargo, carecía de la capacidad política y teórica de Guzmán para articular sus fuerzas. Y tampoco se llevaba bien con él. Tras su posterior captura, calificó a su ex líder de «felón, burgués, psicópata, farsante, parásito, traidor, cobarde, estalinista trasnochado y dogmático». Según él, en los setenta, Guzmán expulsó a todos los viejos líderes del partido para manipular a los más jóvenes. «Todos los izquierdistas éramos mariateguistas en los setenta. Guzmán decía serlo, pero Mariátegui era solo el caramelito para atraernos. Luego nos quitaba el caramelito y quedaba él.» Según su versión, Guzmán fue purgando a todos los viejos del partido y se quedó con los más jóvenes, los más manipulables.

En 1983, Feliciano fue herido en una pierna y Guzmán lo envió a Ayacucho, la zona más violenta. Ahora, Feliciano cree que lo hizo para que lo matasen, porque él mismo no era capaz. «A Guzmán le das una pistola y se mata, no sabe ni manejar un revólver.» Su dirección de la guerra «era como manejar una nintendo... Mandaba a la gente al matadero». Y era frío: «[Le dije:] a los soldados hay que respetarles la vida cuando se rinden. [Respondió:] ésos son genocidas, hay que destruirlos y no me venga con cojudeces».

Tras la muerte de Augusta La Torre, Feliciano se convirtió en el número 3 del Comité Permanente. Significativamente, Guzmán escogió al que tenía menos posibilidades de intervenir en las decisiones, porque estaba en la sierra. Pero desde ese puesto, Feliciano le exigió constantemente que fuese al campo y dirigiese a sus huestes personalmente. Guzmán se negó, y lo acusó de querer llevarlo a su terreno para matarlo. Feliciano no le perdona su intransigencia: «Cuidado por sus dos mujeres era el genio, nunca se equivocaba... Él daba la línea, los demás teníamos que aplicarla nomás».

Aparentemente, Guzmán decidió mudarse a la sierra solo cuando se vio cercado en Lima, y porque creía que estaba próximo el fin de la guerra de guerrillas y llegaba el momento de formar el Ejército Popular de Liberación. Según la policía, cuando lo detuvieron, Guzmán tenía las maletas listas para irse, pero Feliciano no había conseguido un alojamiento seguro. Si lo hubiera encontrado a tiempo, Guzmán habría escapado de Los Sauces antes de su captura.

Eso debe haber empeorado las relaciones entre el Presidente y el jefe militar. Pero si algo le dolió a Feliciano fue que, mientras él se jugaba el pellejo en el monte, su líder, tras menos de un año detenido, pedía públicamente al gobierno iniciar conversaciones para llegar a un acuerdo de paz.

La propuesta del acuerdo de paz fue una acción polémica entre los comunistas. El vocero de Sendero en Bélgica, Luis Arce Borja, nunca se la perdonará a Guzmán. Al principio, creyó que, en realidad, el Presidente Gonzalo había sido asesinado y Montesinos había puesto un doble ante las cámaras. Cuando se confirmó la veracidad de la historia, Arce Borja acusó a Guzmán de traidor. Las palabras de Feliciano le dan la razón, pero él tampoco las cree. Sospecha que Feliciano también está dirigido por el Servicio de Inteligencia, como parte de una estrategia psicosocial. Paradójicamente, después de su detención a finales de los noventa, Feliciano es el que mejor se ha llevado con Montesinos, que es pariente lejano de su padre. Cuando estaban encerrados cerca, hablaban a voz en cuello de cualquier cosa. Cuando Feliciano le recriminó que hubiese construido esa prisión, el ex asesor de Inteligencia le respondió que lo había hecho para proteger a los senderistas, porque los militares los querían matar. Montesinos también le ha contado que se llevaba a Guzmán a pasear y a comer en la calle. Lo que más odia Feliciano de la cárcel no es al hombre que ordenó su detención, sino los privilegios que disfrutaba Guzmán debido a su arreglo con el gobierno.

Ahora, el jefe militar Feliciano está encerrado a pocos metros del Presidente Gonzalo, pero no se hablan. Feliciano prefiere jugar al ajedrez. Según una entrevista concedida a *Caretas*, «mi padre me obsequió un ajedrez electrónico pero es muy simple. Le gano siempre». El oficial de Inteligencia cuenta que Feliciano tiene un sentido de la paciencia espartano. Cuando llegó a la cárcel, dedicó un mes a reunir migas de pan y a poner manchas de chicha morada en un papel. Con las manchas hizo casilleros. Con las migas, piezas.

Las declaraciones de Feliciano que figuran en este libro han sido tomadas de su declaración ante la Comisión de la Verdad y de una entrevista concedida por intermedio de su abogado a la revista *Caretas*. Sobre su antiguo líder, Feliciano es siempre concluyente. Considera que «debería coger una pistola, decir ¡pum! Y ya está, salvar su honor».

Según mi oficial de Inteligencia, la idea del acuerdo de paz surgió del despacho de Vladimiro Montesinos, y convencer a Guzmán costó meses de manipulación. El analista de Inteligencia Rafael Merino, ahora cuestionado por sus relaciones con Montesinos, participó en ese proceso. Lo he buscado. He ido a su casa y le he dejado una nota. He llamado a sus dos teléfonos. Le he dado el nombre de amigos comunes, otros tíos. Nunca ha respondido.

Según el oficial:

—Eso se debe a que no quiere que lo involucren con Montesinos.

—Qué tontería —digo—. Al contrario, a mí me interesa Guzmán. En esa historia, Merino queda bien.

—¿Y tú crees que eres más listo que Merino?

—En este caso...

—En ningún caso. Mira cómo son las cosas. Montesinos está preso y Merino está libre.

—¿Estás diciendo que Merino tiene algo que esconder?

—No. Eso lo has dicho tú.

En cualquier caso, Merino le contó su historia a las periodistas Sally Bowen y Jane Holligan para el libro *El espía imperfecto*. Mi oficial la confirma hasta donde él pudo ver.

Desde el principio, Merino se decepcionó de Guzmán. Esperaba a un ideólogo agudo, y solo encontró un «estudioso intelectual provinciano obsoleto en sus citas ideológicas», cuya teoría revolucionaria no era más que una «especie de transferencia ilusoria de llevar la pequeña realidad provinciana a un plano mayor». Según Merino, la argumentación de Guzmán era endeble y sus lecturas, mínimas. Merino pensó que sería manipulable. Y Vladimiro Montesinos decidió hacerle una visita.

El día en que se encontraron Guzmán y Montesinos, su diálogo fue el siguiente:

—Doctor Montesinos, ¿por qué me está tratando de esta manera infame, haciendo que use este traje a rayas? ¿Qué quiere usted de mí?

—He venido para sostener una conversación académica con usted.

—Uno no puede sostener una conversación académica en estas condiciones que no son propias de un ser humano.

Montesinos era un maestro de la adulación, y Guzmán era sensible a ella. Montesinos lo trató como paisano de Arequipa y colega de derecho, y le hizo una oferta: él pediría a sus inexistentes superiores que le permitieran a Guzmán quitarse el traje a rayas. Y si no lo autorizaban, él mismo se pondría un traje igual para que hablasen sin diferencias. Al volver a Lima, le pidió el traje a rayas a su sastre personal, uno con el número 002 en el pecho.

El día de su siguiente encuentro, Montesinos llevó el traje en la mano, junto con una caja de chocolates arequipeños. Lo dejó en la silla frente a Guzmán y dijo que sus superiores lo llamarían en unos minutos. Al rato, sonó su teléfono, contestó, dijo ok y colgó.

—Doctor —le anunció a Guzmán—, me temo que no tendré ocasión de probarme el traje, porque mis superiores autorizan que se lo quite usted.

Ese día tuvieron la primera de una serie de conversaciones que se prolongó durante un año dos veces por semana.

Según mi oficial, «Montesinos siempre se presentó ante Guzmán como el bueno, en contraste con el presidente y los militares que, según le decía, querían asesinarlo. Él quería que Guzmán propusiese públicamente un acuerdo de paz. Así dividiría a Sendero y aislaría a las columnas de Feliciano que aún combatían. Pero necesitaba que Guzmán creyese que la idea se le había ocurrido a él mismo».

Durante las conversaciones, Montesinos defendía la tesis de que, sin Guzmán, Sendero no era nada. Y trataba de convencerlo de que solo si entraba en una nueva fase de acuerdos políticos mantendría el liderazgo. Así, aun perdida la guerra, se salvaría el partido gracias a él.

También le hizo sentir que era su amigo. Aparecía siempre con la noticia de que «sus superiores» autorizaban a Guzmán a pasar la noche con Elena, a comer algún plato especial o a celebrar su cumpleaños con tarta y vino, que él proveía personalmente, al igual que los libros y discos. A veces incluso le llevaba a Osmán Morote o a otros dirigentes para que conversasen. Todas las reuniones de Abimael con sus camaradas eran filmadas, incluso los encuentros íntimos con Elena.

Guzmán se mostró colaborador. Para sustentar su pedido de un acuerdo de paz, pidió bibliografía e información sobre la situación del comunismo internacional. Montesinos le ofrecía mapas y revistas, a menudo adulterados hábilmente. También pidió una asamblea con la dirección del partido. Desde cárceles de todos los extremos del Perú, los sobrevivientes del Comité Central fueron llevados a la reunión. A este respecto, cuenta el oficial:

«Yo vi la asamblea, y ahí descubrí la mediocridad de los mandos senderistas. Guzmán sostuvo una nueva versión de sus famosas leyes históricas. Dijo que el siglo XX había sido el de la ola de la revolución mundial, pero que el XXI conllevaría un repliegue estratégico en todo el planeta. Entonces, era necesario un acuerdo de paz. Y todos estuvieron de acuerdo. Entraron a la sala gritando vivas a la guerra popular y salieron gritando vivas al acuerdo de paz. Luchar por un acuerdo de paz, gritaban».

Esa reunión permitió tranquilizar a los senderistas presos y darles a los que quedaban libres una oportunidad para abandonar las armas sin sentirse derrotados. En la Sierra Central, Feliciano se quedó sin apoyo.

La traición que Feliciano repudia se televisó para todo el Perú en 1993. En la imagen, un Guzmán delgado y afeitado aparece detrás de una mesa junto a Elena Iparraguirre. Ya no lleva traje a rayas, sino un uniforme casi militar. Sobre la mesa, una mano le alcanza el texto que va a leer solicitando conversaciones para un acuerdo de paz. Por el anillo de esa mano, se reconoce a Montesinos.

Pocos días después, Guzmán hizo una segunda transmisión reconociendo las reformas «sistemáticas y progresivas» del gobierno y sus logros frente a Sendero. Como Fujimori, critica a «los partidos políticos parásitos» y dedica palabras de elogio al Servicio de Inteligencia. El analista de Inteligencia Rafael Merino ha dicho que fue él quien escribió esas cartas, pero que Guzmán «no cambió ni una coma».

Según el ex vocero senderista Luis Arce Borja, a partir de ese momento los senderistas en las cárceles empezaron a apoyar el acuerdo de paz. A algunos se los soltaba bajo vigilancia para que buscasen a sus compañeros en libertad y los persuadiesen de deponer las armas, aunque en la práctica, lo que hacían era delatarlos a los agentes que los seguían. Para Arce Borja, eso fue una traición que Guzmán había cultivado desde la creación del partido —un partido basado exclusivamente en su propio liderazgo—, y que cristalizó ante la mediocre perspectiva de conseguir algunos beneficios penitenciarios.

Como sea, después de pedir el acuerdo de paz, Guzmán mantuvo algunos privilegios, pero las visitas se acabaron. Montesinos ya había conseguido lo que quería.

11

Código cero

El abogado de Abimael Guzmán se llama Manuel Fajardo y es ayacuchano. Conoció a su cliente cuando era niño. Lo recuerda como un hombre formal, educado, que siempre llevaba caramelos en los bolsillos para repartir a los niños, algo que resulta difícil de creer. En el año 2001, Fajardo se ofreció voluntariamente a representarlo, porque su abogado original también había sido detenido, según Fajardo, acusado con pruebas fabricadas por Inteligencia. Así que visitó a Guzmán en la cárcel y le llevó un arbolito de artesanía hecho por su esposa. Guzmán estaba muy enjuto porque venía de una huelga de hambre.

Muchos miembros de la Comisión de la Verdad aseguran que han oído a Abimael decir cosas que luego Fajardo repite palabra por palabra. Es su representante, a fin de cuentas. Es lo más parecido en este momento a hablar con Guzmán. Llevo días acosándolo para que me consiga los datos de los padres de Norah o Miriam. Le doy los papeles que me pide, pero no consigo los números que necesito. Fajardo tiene que ver a sus clientes, luego ellos tienen que pensarlo. Las visitas son pocas y nadie más ve a los presos. Nunca tengo una respuesta.

Yo insisto con mis patéticos esfuerzos para ganármelo. Cuando me dirijo a un agente del estado, siempre enfatizo que la prensa internacional quiere conocer de cerca la gloriosa derrota del terrorismo en el Perú. En cambio, cuando me dirijo a alguna fuente cercana al Partido Comunista del Perú-Sendero Luminoso, digo que la prensa internacional quiere conocer la versión de sus compañeros que ha sido silenciada. En realidad, ambas cosas son ciertas. Lo demás es una formalidad, tengo que demostrar a cada fuente que conozco su lenguaje. Esto es política. Las palabras están llenas de sentidos distintos, según quien las escuche.

Además, supongo que no engaño a nadie. Las fuentes saben que soy un periodista y saben que no pienso como ellas. Dicen lo que les interesa decir y mi opinión les da igual. Nunca se les escapa una tontería. Aquí todos estamos trabajando. Y todos creen que su versión no ha tenido el eco necesario. No confían en la prensa peruana. Percibo que, en realidad, todos me hablan porque soy extranjero, porque no soy de aquí. Algunos hasta creen que soy español. Dicen que hablo como uno.

Pero en lo que concierne a Fajardo, él simplemente está harto de mí. Tras días de perseguirlo por algún dato, llego a ponerme impertinente una vez:

—Bueno, señor Fajardo, si usted no me da fuentes, usaré las fuentes que tengo: la policía y el ejército. A mí me interesaba lo que ustedes tuviesen que decir.

—Yo no soy un senderista, señor Roncagliolo.

—Sería conveniente para la defensa de Guzmán una versión de quienes lo conocen. Daría una imagen más humana.

—Llámeme mañana entonces.

—Me ha dicho eso ya tres días seguidos.

—No soy un aliado del tiempo, señor Roncagliolo.

El día de nuestra entrevista, nos encontramos en su despacho del centro de Lima, un ambiente de veinte metros cuadrados que comparte con otros tres abogados para ahorrar costos. Los cuatro escritorios están vacíos. Ellos reciben correspondencia ahí, pero suelen despachar en los cafés del barrio, como el de la plaza San Martín, donde desayunamos. Muchos se preguntan quién paga la defensa de Guzmán, pero la austeridad de este despacho sugiere que nadie.

—Guzmán se considera a sí mismo propiedad del partido —dice Fajardo—. Y dedica su vida a cumplir con el partido, pero es una persona con sentido del humor.

—¿Sí? Cuénteme una broma que él haya hecho. Lo piensa un poco.

—No sé si estoy autorizado a revelar detalles personales. Pero a veces sí nos reímos. Él es muy irónico, sobre todo, en la discusión. La mayoría de nuestras conversaciones son políticas y jurídicas.

Le he traído unos pastelitos de la Tiendecita Blanca. Le gustan. Aparte de eso, bebemos café con leche. Son las ocho de la mañana de un sábado, y el centro de Lima empieza a despertar. Los mendigos del jirón de la Unión abandonan las puertas de los centros comerciales. Los turistas dan sus primeros paseos. El Hotel Bolívar se eleva señorial sobre los lustrabotas que pululan por la plaza, como somnolientas luciérnagas negras. Le pregunto a Fajardo si Guzmán se arrepiente de algo.

«Guzmán admite errores y excesos. Un error fue el atentado de Tarata: el coche bomba estaba dirigido a una avenida abierta, donde habría causado menos daño. Pero se estropeó dos calles antes, y lo tuvieron que abandonar en una calle muy estrecha. La onda expansiva destrozó todos los edificios cercanos. No estaba previsto así. En cambio, un exceso fue dinamitar el cadáver de María Elena Moyano.»

Según dijo Elena Iparraguirre ante la Comisión de la Verdad, la Moyano delataba a los senderistas. Su muerte era imprescindible. Pero volarla en pedazos era una barbaridad innecesaria. La Iparraguirre contó que la policía había capturado a los principales mandos senderistas en esa zona, y que la operación estuvo a cargo de inexpertos. Guzmán no había ordenado volarla. Según le dijo a Iván Hinojosa: «Hay que respetar a los muertos. Eso nos han enseñado».

Una de las cosas que más me intriga es el tema del acuerdo de paz. Contra la versión de Inteligencia, Fajardo sostiene que fue una iniciativa de Guzmán: «La detención de la cúpula del Partido Comunista del Perú marcó un hito estratégico en la guerra popular, como la llaman ellos. No se puede hacer una guerra con los líderes presos. Continuar habría sido mandar a su gente a pelear sin dirección política, directo al matadero, con el consiguiente e innecesario derramamiento de sangre. Para ahorrar vidas, el doctor Guzmán pensó desde el primer día de su captura en pedir conversaciones para un acuerdo de paz. Escribió unas cartas, que Fujimori y Montesinos aprovecharon. Pero nunca hubo conversaciones de verdad. Ni siquiera mejoraron las condiciones carcelarias. Eso también es mentira».

Recuerdo la última aparición pública de Guzmán, el día de su audiencia, con el puño en alto, rodeado de sus secuaces, gritando vivas a la guerra popular. No me parece muy pacífico, le comento a Fajardo.

—Eso no tiene nada que ver. Él no abdica de sus ideas. No ha renegado del marxismo-leninismo-maoísmo. Al contrario, pidió el acuerdo de paz desde sus posiciones. Y lo de la audiencia fue una reafirmación de ellas, fue una demostración de que no había capitulado.

Eso tuvo un impacto moral en su gente y una repercusión mundial, a nivel de los comunistas de todas partes.

No me dice mucho más. De temas personales no habla. De temas estratégicos no sabe. Tras media hora de conversación, hemos acabado con los pastelitos y yo apago la grabadora. Él confiesa:

—Temía no estar ideológicamente a la altura de esta entrevista. Pero ha estado fácil.

—Ya ve, a mí solo me interesa saber quién es esta persona. A mis lectores también.

—Bueno, si eso es lo que le interesa...

Percibo el tono de desprecio y decepción en su voz. A veces tengo la impresión de ser un turista en el infierno. Sus ocupantes me hablan, pero saben que me voy a ir, que este infierno no es mío, que los dejaré a ellos ahí y haré mi notita de prensa al respecto. Vuelve a asaltarme una sensación que recuerdo de la cárcel o de la DINCOTE. En todos estos lugares, mis interlocutores siempre parecían querer decirme algo pero no terminaron de animarse a hacerlo. Como si yo estuviese haciendo las preguntas incorrectas, como si nunca acertase al blanco. Un policía me comentó una vez que los tiradores expertos matan de un solo tiro entre los ojos. Los inexpertos, en cambio, disparan a todas partes y no aciertan ni un tiro. Así me siento yo. Vuelvo a encender la grabadora: «¿Y qué le interesa a usted que me interese a mí?».

«Antes —dice Fajardo— los campesinos de Ayacucho caminaban por la calle, los de la ciudad iban por las veredas. Los campesinos cargaban sacos de sal desde el amanecer hasta la madrugada a cambio de hojas de coca para que pudiesen seguir trabajando. Eso ya no se ve, gracias a la guerra.»

En el año 2000, viajé con los observadores democráticos a examinar el desarrollo de las elecciones en un pueblito ayacuchano. Era Chuschi, el lugar del primer atentado de Sendero Luminoso. Estaba tan lejos que tuvimos que llegar en helicóptero. Aterrizamos con mucha pompa en la plaza del pueblo, que no era más que algunas hileras de casas en realidad. Las hélices del helicóptero aplanaban el césped en un radio de decenas de metros.

En el pueblo, los campesinos hacían cola para ejercer su voto obligatorio. Si no votas, te multan. Algunos habían tenido que atravesar las montañas durante dos días para llegar, a menudo con su familia a cuestas por no tener con quién dejarla. Dormían donde podían. Me acerqué a tratar de conversar con algunos votantes. Eran muy tímidos y, además, la mayoría de ellos no hablaba español. Alguno me pidió un cigarrillo, y se lo di. Luego otro me pidió un cigarrillo. En la ciudad no había tienda. Progresivamente, me vi rodeado de campesinos que me pedían cigarrillos. Luego, nuestra comitiva recogió anclas. Tras certificar el correcto desempeño de las elecciones, la prensa y los observadores subimos al helicóptero. El aparato se elevó y los campesinos fueron haciéndose chiquitos en la ventanilla, hasta desaparecer.

«La guerra también permitió que los campesinos viniesen a la ciudad en protesta por la descapitalización del campo promovida por el estado peruano.»

Cuando yo era niño, mi colegio estaba en uno de los límites de la ciudad, rodeado de cerros. En la cara A de los cerros, la que daba a la ciudad, había barrios residenciales, casas con piscina, jardines. En la cara B, a la espalda, gigantescas áreas de terrenos invadidos por inmigrantes de la sierra. En el colegio circulaba la siguiente leyenda: un día, los habitantes de las chabolas de alrededor se reunirían y bajarían en masa a saquear los barrios caros. Era una leyenda estremecedora, porque aunque nunca veíamos a los del otro lado, sabíamos que estaban ahí. Mi colegio tenía un muro que recorría buena parte del cerro, con una virgen en lo alto. La virgen nos bendecía a nosotros y les daba el culo a los del otro lado. A menudo, cuando escuchaba la leyenda, yo imaginaba a los habitantes del otro lado en las laderas de los cerros, descendiendo en hordas para romper las puertas y vaciar las casas. Ahora sé que eso se denomina el cerco de las ciudades.

«¿Qué tenemos ahora? La economía depende de la inversión extranjera. ¿Quién va a poner una fábrica en Ayacucho, señor Roncagliolo? ¿Quién va a industrializar este país? Los que han gobernado no lo han hecho nunca. ¿Por qué van a hacerlo ahora? Ahora hemos vuelto, no a la democracia, sino a la demoliberalidad, que es una forma de democracia reaccionaria.»

He venido a la entrevista en taxi, recorriendo la Vía Expresa que atraviesa la ciudad. A un lado, gigantesco e iluminado, he visto un cartel que dice «La inversión extranjera genera trabajo». Al lado aparece un obrero con casco y mono de trabajo, sonriente. El cartel no lleva firma. Hay otro igual en la avenida Faucett.

«Este país sigue siendo violento, y eso no es culpa de Guzmán. Es una presión de los de abajo contra los de arriba, que no les dejan desarrollarse. Mire las zonas cocaleras. Mire a Arequipa, donde se levantan contra las privatizaciones. En Puno linchan alcaldes. Mire Andahuaylas. Es un proceso lento, que puede durar años, pero que se va articulando.»

La noche de Año Nuevo del 2005, trescientos reservistas militares al mando del mayor Antauro Humala tomaron una comisaría en Andahuaylas, entre Ayacucho y Cusco, para demandar la dimisión del presidente Alejandro Toledo. Hubo seis muertos y diecinueve heridos. Los atacantes terminaron entregándose, no sin antes pasear por el pueblo cargados en hombros por los pobladores, que recibieron con algarabía el asalto.

En su mayoría, los reservistas son veteranos de la guerra con Ecuador o de la guerra contra el terrorismo. El periodista René Gastelumendi hizo un reportaje sobre un grupo de ellos que «acampa» en el asentamiento humano Héroes del Cenepa, en las afueras de la ciudad de Ayacucho. Se trata de un terreno invadido con forma de cuartel militar, en carpas unipersonales hechas con pedazos de plástico. En el centro del terreno hay una bandera peruana, y todas las mañanas, los soldados se reúnen a honrarla, izarla y cantar el himno nacional. También marchan y hacen prácticas, como si aún formasen parte de un verdadero ejército.

Los reservistas provienen de los estratos más pobres de la sociedad. Fueron levados, reclutados forzosamente para el combate, entrenados, familiarizados con los símbolos patrios y enviados a las zonas de enfrentamientos. Terminadas las hostilidades, sus superiores los licenciaron sin darles siquiera los uniformes que usaban. Algunos volvieron a sus pueblos y a sus arados. Pero la mayoría ya no sabe vivir de otra manera. En el reportaje, René le pregunta a uno, que comparte su tienda unipersonal con su mujer y su pequeño hijo:

—¿Qué te gustaría que fuese tu hijo de mayor?

—Militar. Quiero que sea militar.

—Pero ¿no te sientes defraudado por las fuerzas armadas?

—Sí.

—¿Entonces?

—Igual quiero que sea militar.

Los reservistas son veteranos de guerra, algunos de ellos con graves secuelas. Uno dice que tiene seis años de edad. Ha perdido el español, solo se comunica con incoherentes monosílabos quechuas. Las pésimas condiciones de higiene y salud hacen que se les caigan los dientes alrededor de los treinta años en promedio. A partir de entonces, su alimentación es deficiente. Suelen morir jóvenes.

Lo que quieren los reservistas en ese asentamiento humano es reincorporarse al ejército. Ellos dicen que podrían llevar desarrollo y trabajar por el Perú, como siempre han hecho. Proponen hacerlo en el río Apurímac, donde aún quedan algunas columnas senderistas. El tipo de trabajo que tienen en mente es el que han sido entrenados para hacer:

—¿Qué te enseñaron a hacer en el ejército?

—Matar, disparar y amar al Perú.

En otro momento del reportaje, uno de los entrevistados se vuelve hacia el periodista:

—Nosotros hemos peleado por este país. Lo hemos defendido contra el terrorismo y contra el enemigo exterior. ¿Haría usted eso? ¿Iría usted a pelear a la frontera? ¿Moriría usted por este país?

Lo más sorprendente es que René le responde. Y es sincero.

—Me agarras en frío... No lo sé... Creo que no.

—¿Por qué?

El líder del asalto a la comisaría, Antauro Humala, ha sido acusado de nazi por los medios. Él responde: «En el Norte desarrollado del mundo, el nacionalsocialismo tiende a convertirse en imperialismo... Aquí en el Sur famélico, colonizado y acomplejado, el nacionalismo es plenamente liberador. No tiene nada de opresor y mucho menos de fascista».

Manuel Fajardo opina que los humalistas pueden degenerar fácilmente en fascistas. Pero el problema es más profundo. Según él, todo el estado peruano está mal planteado, incluso la Comisión de la Verdad: «La Comisión de la Verdad dice representar a la mayoría de peruanos. ¿Cuál mayoría? ¿Las masas campesinas o los políticos que siempre han disfrutado de prebendas?».

Mientras estoy en Lima, el presidente Alejandro Toledo es acusado de haber inscrito a su partido en las elecciones con miles de firmas falsas. Antes, ha sido acusado de no reconocer a su hija, mentir en sus promesas electorales y colocar a sus parientes en puestos estratégicos. Su primera medida como presidente fue subirse el sueldo más allá de lo que gana el presidente de la Comunidad Europea.

Esta vez, se forma una comisión investigadora. Toledo acepta declarar ante dicha comisión, pero no deja que lo graben. Se arma un escándalo. Termina asistiendo, pero no firma el acta. Mientras tanto, en los medios de prensa, los congresistas se acusan mutuamente de mentirosos, tramposos, corruptos y desagradecidos. El único día en que están de acuerdo es en la sesión de discursos tras la muerte del Papa. Horas de discursos francamente poéticos sobre la calidad humana del pontífice. También lo declaran festivo nacional.

«En un país en que todo se compra, el único que no se ha vendido es el doctor Guzmán.»

Su discrepancia con la Comisión de la Verdad debe ser lo único en que Fajardo está de acuerdo con los militares. Según mi oficial de Inteligencia:

—La Comisión de la Verdad nos deja como asesinos. Y eso no es justo. Las fuerzas armadas fueron enviadas a la zona sin dirección política. Eran militares y aplicaron, por supuesto, estrategias militares. Estábamos muriendo ahí. Era muy fácil para los políticos enviarnos a nosotros a pelear contra un enemigo invisible y luego hacernos responsables por los excesos.

—Pero hubo muchos excesos, ¿no?

—Yo no niego que haya habido excesos brutales, nadie lo niega, pero si alguien quiere procesos judiciales, que se juzgue también a los políticos de esos años, que se lavaron las manos con nosotros. Y que se tome en cuenta que, aun sin dirección política, las fuerzas armadas aprendieron por sí mismas y cambiaron de estrategia.

—¿Cambiaron?

—Las escuelas contrasubversivas a principios de los ochenta eran tres: la americana, que venía del napalm, consistía en arrasar todo el terreno esperando que los terroristas desaparecieran con él, la israelita se basaba más bien en aniquilar selectivamente a mandos medios; y la francesa, acuñada en Argelia, añadía un poquito de trabajo político. Con el tiempo, las fuerzas armadas del Perú desarrollaron más trabajo político, apoyaron a los comités de autodefensa de los campesinos, les dieron armas para que se defendieran, cambiaron de actitud. Y todo eso lo hicieron solas. Pero la Comisión de la Verdad nos consigna simplemente como culpables de hacer lo que los políticos nos ordenaron hacer.

La Comisión de la Verdad sostiene que la cifra de muertos y desaparecidos en conflicto supera los 69.000, y que casi la mitad de ellos fue víctima de las fuerzas armadas. Pero si algo tienen en común las víctimas, no es que fuesen senderistas o militares, sino que eran pobres. El 70 por ciento de ellas pertenecía al ámbito rural y a los departamentos con menos recursos de las Sierras Centro y Sur. Los victimarios, por cierto, también.

La cifra de víctimas supera los peores cálculos de Chile y Argentina sumados, con una diferencia: aquí los gobiernos que ordenaron la más dura represión eran democráticos. Y las víctimas eran invisibles. No eran intelectuales ni profesores ni periodistas de la capital. Eran nadie, no tenían ni nombre. Los victimarios, por cierto, tampoco.

Es muy difícil alcanzar la verdad en este tema. Solo hay posiciones, versiones. No es posible sustraerse a ello. Mi madre me pregunta cómo puedo creerle a Maritza Garrido Lecca. Fajardo considera imposible creerle a Inteligencia. Nancy Obregón llama a la Comisión de la Verdad «Comisión de la Mentira». ¿A quién debo creer? Y si no creo a nadie, ¿qué puedo llegar a saber?

Metodológicamente, decido creer a todas las partes. Pero eso no resuelve las disyuntivas. Uno toma posición desde el vocabulario que escoge. Los asesinatos, para las fuerzas armadas, se llaman «ejecuciones extrajudiciales». Para los senderistas, se llaman «aniquilamientos selectivos». Los demás hechos de sangre se llaman «acciones» para los senderistas y «operativos» para los militares. Lo que unos llaman terrorismo otros lo llaman guerra. No existe un lenguaje neutral, esterilizado, que prescinda de una posición. No hay un código cero, sin opinión, sin matices personales.

A finales de la era Fujimori decidí mudarme a España. Estaba harto del Perú, y supongo que con razón. Había trabajado como guionista de una telenovela. El canal tenía una línea informativa de oposición, así que fue expropiado de su dueño y entregado a los socios minoritarios. La programación cambió. Estuve a punto de escribir los guiones de un programa cómico, hasta que la estrella fue contratada por el canal del estado con guionistas asignados por la junta directiva. De inmediato, el humor político, al menos el humor de oposición, desapareció de sus guiones. Y el trabajo en televisión desapareció de mi futuro.

Más adelante, entré como periodista en un diario oficialista, una empresa casi ficticia, porque el diario no se vendía en realidad. Su única utilidad era publicar portadas amables que el gobierno agradecía con su apoyo a otras empresas del dueño. Muchos columnistas políticos no creían en lo que escribían, pero tenían familias que mantener y no se quejaban. Los editorialistas habían inventado un concurso: quién escribe el artículo más rápido a favor del gobierno. El récord estaba en cinco minutos con veinte segundos.

Mi último trabajo antes de emigrar fue en la Defensoría del Pueblo del Perú, y ahí conocí a mi último informante, el abogado Wilfredo Pedraza. Trabajaba en derechos humanos y era un tipo amable, divertido pero contenido y prudente. A menudo me pedía cursos de redacción para la gente de derechos humanos, o asesoría en la redacción de documentos. Aunque era discreto, tenía buenas anécdotas de su trabajo en prisiones. Trabajaba en la sección más emocionante de la institución.

Cuando cayó Fujimori yo ya vivía en España, y Pedraza solicitó una entrevista con Guzmán para estudiar las condiciones de su encierro. Para su sorpresa, se la concedieron.

«Guzmán no sabía que tendría visitas ese día. Cuando aparecí a través de la ventanita de su puerta, se sorprendió. Pero fue muy cortés conmigo, muy formal. ¿Cuál fue mi primera impresión?

—Pedraza medita antes de contestar—. Me pareció un profesor de provincias.»

En el gobierno de Toledo, Pedraza fue nombrado jefe del Instituto Nacional Penitenciario, y su trabajo lo obligó a tener otros contactos con Guzmán y con Elena Iparraguirre. Según su relato, Elena estaba siempre pendiente de que a Guzmán no le faltase nada. Fuera de eso, nadie diría que eran una pareja.

«Solo una vez vi un gesto de cariño. Los guardias vinieron a buscarla primero a ella, y ella se acercó a despedirse de Abimael. Se dieron un beso. No fue un gran beso, fue un beso, simplemente.»

Pedraza dice que, si alguno de los dos tiene sentido del humor, es ella. «A veces, yo les llevaba caramelos y cigarrillos para distender la conversación. Una vez les llevé un paquete de Winston lights, que en vez de ser rojos, tenían una presentación azul y blanca. Abimael probó uno. Elena le dijo: "Abimael, tú no puedes fumar eso, tú eres un rojo". Y se rieron.»

Para Pedraza, los senderistas han decidido que no pueden continuar el enfrentamiento armado, y creen realmente en una salida política. Pero a veces surgen dudas. En 2002, durante la visita del presidente George W. Bush al Perú, una bomba estalló cerca de la embajada de Estados Unidos. Pedraza corrió a ver a Guzmán para preguntarle si los suyos habían planeado eso. «Abimael se puso furioso: "Doctor Pedraza —dijo—, ya hemos hablado de esto. ¿Cómo se le ocurre que yo puedo tener algo que ver?".»

De hecho, las pocas columnas senderistas que aún sobreviven en la selva carecen de dirección política y de perspectivas. Según el mismo Pedraza, «llevan años tratando de entregar las armas, pero nadie se las quiere recibir».

Pedraza considera que ya no vivimos en una lógica de enfrentamiento, y que es necesario acercar a los presos senderistas con sus familias, que son su única vía de integración social.

El oficial de Inteligencia no lo cree. En general, las fuerzas del orden piensan que los marxistas no tienen remedio: o están haciendo una revolución o están acumulando fuerzas para hacerla. Son enemigos del estado y consagran su vida a eso. Fue necesario dar un golpe al estado para derrotarlos. Y funcionó. Pero solo se han replegado. En la Sierra Sur y las zonas cocaleras, están volviendo al trabajo político de los años setenta. Sabemos su posición. Es cuestión de asignar tropa a la zona y se acabó Sendero. Pero los políticos juegan con eso. Saben que, en caso de emergencia, un resurgimiento del senderismo rápidamente controlado les dará votos. Guardan a los senderistas para cuando sean útiles».

La Base Naval del Callao tiene más guardias que presos. De los senderistas, solo está ahí el jefe militar Óscar Ramírez Durand, camarada Feliciano, que ahora reniega de su antiguo jefe. Los otros vecinos de Abimael son tres dirigentes del MRTA y un último huésped, también aislado, es precisamente el hombre que ordenó construirla: Vladimiro Montesinos, jefe de Inteligencia durante el gobierno de Alberto Fujimori.

Antes, Elena Iparraguirre estaba presa ahí dentro, con Guzmán. Se les permitía verse y dormir juntos. A veces podían festejar sus cumpleaños. Pero en noviembre del 2004, también la perdió a ella.

Ocurrió tras el nuevo juicio. Todas las condenas contra 482 senderistas resultaron nulas porque sus procesos judiciales carecieron de las garantías mínimas. Los jueces de Guzmán, por ejemplo, eran militares enmascarados que no firmaban con su nombre. Su abogado solo pudo consultar las mil páginas del expediente y encontrarse con su cliente minutos antes de la sesión. El acusado compareció enjaulado y con traje a rayas, como los presos de las caricaturas. Pasaron más de diez años antes de que el poder judicial reconociese la ilegalidad de esos procesos y ordenase repetirlos.

La primera audiencia de su nuevo juicio debe haber sido uno de los acontecimientos más emocionantes en la rutinaria existencia de Guzmán. La audiencia se realizó en la misma Base Naval, para evitar el traslado de prisioneros de alto riesgo. Lo acompañaban en el banquillo otros diecisiete senderistas, siete de ellos miembros de su Comité Central. Para que no quedasen dudas sobre la legalidad del proceso, las autoridades permitieron que la prensa asistiese a la audiencia detrás de un cristal antibalas. Además de encontrarse con viejos amigos que no había visto en doce años de encierro, Guzmán tuvo la oportunidad de hacerlo en público.

Desde el inicio de la audiencia, los fotógrafos se apiñaban contra el cristal pidiéndole una mirada, un saludo, una sonrisa. En un momento, Elena le hizo notar que la prensa esperaba un gesto. En respuesta, Guzmán se puso de pie y levantó el puño derecho. Inmediatamente, se le sumaron sus compañeros con gritos de «Viva el Partido Comunista del

Perú», «Gloria al marxismo-leninismo-maoísmo», «Vivan los héroes del pueblo» y «Gloria al pueblo peruano». La sesión, fuera de control de los magistrados, se suspendió.

Al día siguiente, la cúpula de Sendero Luminoso con el puño en alto y las sonrisas de su número uno acapararon las primeras páginas de los periódicos, despertando fantasmas que llevaban encerrados en la sociedad peruana tantos años como el propio Guzmán. La prensa acusó al gobierno de organizarle una «fiestita» a Sendero. La opinión pública sintió que el gobierno no era capaz de controlar a los senderistas ni siquiera presos, que ellos no habían cambiado a pesar de los años de encierro y, lo peor de todo, que los nuevos juicios podrían conducir a su liberación. Cundió el pánico.

El impacto político de las imágenes fue tan duro que obligó a cambiar al procurador del estado para casos de terrorismo y al tribunal en pleno. Sus siguientes juicios se realizarían sin periodistas ni aglomeraciones de acusados. Pero, sobre todo, el gobierno castigó a Guzmán con el traslado de Elena Iparraguirre a otra prisión. En la práctica, ambos quedaron completamente aislados.

Meses después, el 8 de marzo del 2005, los medios difundieron el rumor de que Abimael tenía problemas de salud y su vida probablemente corría peligro. Benedicto Jiménez declaró que era un caso de melancolía: Guzmán no podía vivir sin Iparraguirre, que era su único sustento moral y afectivo.

El abogado Fajardo, sin embargo, desmintió el rumor. Según él, su defendido gozaba de excelente salud, y «su supuesta enfermedad es un operativo psicosocial dirigido por los medios de prensa. El estado quiere provocar a los presos senderistas difundiendo la noticia de que su jefe ha muerto. Esperan una reacción violenta para justificar nuevos traslados con palizas y esas cosas».

Mientras tanto, en las calles de Lima, nadie parecía demasiado apenado por la supuesta enfermedad del Presidente Gonzalo. En cualquier conversación en que se tocase el tema, los limeños preferían abiertamente su desaparición natural, de ser posible, antes de que tuviese que enfrentar nuevos juicios y, con ellos, más publicidad. El odio en su contra es tan visceral que a varios limeños no les importaría que las autoridades lo asesinaran y fingieran un accidente o un suicidio.

Aunque todo parece indicar que Guzmán morirá en la prisión de la Base Naval, el abogado de Guzmán es optimista respecto a sus posibilidades: «Durante Fujimori, parecía imposible cualquier cambio en las condiciones de encierro. Pero ahora, los senderistas han empezado a salir en libertad y el Tribunal Constitucional ha reconocido que son necesarios nuevos juicios con garantías. Habrá que ver qué más llega con el tiempo».

Lo último que se sabe es que Guzmán ha solicitado formalmente casarse con la camarada Miriam. Según la normativa penitenciaria, los presos casados tienen derecho a verse una vez por semana. Pero su caso es especialmente incómodo. El oficial de Inteligencia se pregunta: «¿A cuál de los dos vamos a pasear una vez por semana a través de toda la ciudad? En realidad, si se acata esa norma, habrá que reunirlos de nuevo por razones de seguridad».

El oficial asegura que las condiciones de vida de Guzmán son las mejores que ha visto en un preso: «Guzmán tiene dieta especial, cuidados médicos y varios privilegios. Sabemos que si se muere, nos echarán la culpa a nosotros. Pero ya tiene setenta años. Un día de éstos se va a morir irremediablemente. Yo preferiría que antes lo trasladen a una cárcel civil».

Mientras sigue vivo, Guzmán realiza huelgas de hambre cada vez que quiere exigir mejoras en las condiciones de su encierro. No hay registro de cuántas hizo durante los noventa, pero desde entonces lleva una al año. Es difícil saber qué espera de la vida aparte de eso. Wilfredo Pedraza le preguntó una vez cómo se ve en un futuro: «Guzmán me dijo que esperaba estar en un escritorio, leyendo y escribiendo. Dijo que quería darle herramientas al pueblo para defenderse de la globalización. Él se considera un intelectual. Cree que pasará a la historia, y que será recordado como un héroe».

En cambio, el antiguo director de *El Diario*, Luis Arce Borja, opina desde su asilo político belga: «Si hubiera muerto, Guzmán habría sido un mártir. Pero optó por doblegarse ante el estado corrupto de Fujimori, y ahora morirá como un pobre diablo».

El aeropuerto internacional Jorge Chávez de Lima está en camino al puerto del Callao, junto al mar. Los aviones suelen salir hacia el océano y dar la vuelta en el aire para sobrevolar Lima. A mi regreso a Madrid, distingo la Base Naval del Callao. Trato de adivinar en qué punto exacto estará la prisión de Guzmán. Por ahí cerca está su barrio de infancia. Lima está más adentro, tragándose el gris de los cerros con el gris de sus edificios. A su alrededor se ven las invasiones de los inmigrantes. Conforme pasa el tiempo, se han ido urbanizando y convirtiendo en barrios. Conforme el avión cruza la ciudad se ve el final de las carreteras, el límite de los tendidos eléctricos, pero no terminan las casas. Las hay en el medio de arenales, las hay de esteras, las hay de tela. La ciudad está cercada.

Me pregunto si es posible escribir sobre todo esto sin tomar posición, si existe una verdad independientemente de su narrador. No llego a ninguna conclusión al respecto. Las vueltas que le doy al tema solo me sirven para morderme la cola. Para el reportaje, opto por una solución de compromiso: si coinciden en un relato dos fuentes que no se han podido poner de acuerdo entre sí, eso es verdad. Todo lo demás se dice citando a su autor. Pero falta mucho por decir. El hermanastro de Guzmán dice que Abimael ha escrito un libro sobre la globalización. Según él, eso nunca se publicará. Las autoridades afirman no saber nada al respecto. Su viejo amigo de Huamanga, Oswaldo Reynoso, también prepara un libro sobre sus años de juventud, pero no quiere hablar de él. La militante Clara tiene otro sobre Augusta La Torre y otras mujeres de Sendero, que espera publicar «cuando haya pasado más tiempo y las heridas se hayan cerrado». El camarada Feliciano ha escrito unas memorias con su propia versión de la historia. Espera que las autoridades se lo dejen publicar.

Epílogo

La abeja reina

La mayor parte de la información de este libro fue recogida en el viaje al Perú que acabo de narrar. A mi regreso a España, en mayo del 2005, empecé a trabajar en la redacción del reportaje para *El País*. La primera versión —con apenas la información que yo consideraba indispensable— se extendió hasta ochenta páginas. Como el reportaje no podía pasar de quince, preparé un resumen para el periódico y empecé a reunir material para completar un libro.

Una vez más, el principal obstáculo era conseguir fuentes cercanas a Sendero. Entré en contacto telefónico con los La Torre, los suegros de Guzmán que residían en Suecia, pero ellos no concedían entrevistas fácilmente, y menos a periodistas peruanos. Sin embargo, yo confiaba en que la publicación del reportaje jugaría a mi favor. La mayoría de los artículos que había leído sobre Guzmán estaban muy cargados de odio, pero —o quizá por eso— carecían por completo de informantes. Yo esperaba que un informe neutral y distante como el mío convenciese a los La Torre y otras fuentes de hablar conmigo. También podría facilitar las cosas con el abogado de Guzmán.

Pasaron los meses y el reportaje no apareció. La actualidad y sus sorpresas son grandes enemigos de este tipo de historias, que se pueden publicar en cualquier momento. Compré el periódico cada lunes para encontrarme con historias sobre la ley antitabaco o la financiación autonómica en España. Guzmán, en realidad, quedaba muy lejos del interés de los lectores españoles. Tan lejos que la mayor parte de ellos —incluso de los periodistas— le llamaban Abigail, que es el nombre de una vieja telenovela con Katherine Fullop.

Al fin, tras una larga espera, el editor del periódico me anunció que el reportaje aparecería por entregas en septiembre. De inmediato, me puse en contacto con los La Torre, para que lo leyesen y confiasen en mi ética profesional. Y el lunes compré el periódico con la seguridad de que conseguiría a mis últimas fuentes ese mismo día, de que todos mis problemas estaban resueltos y mi libro terminado. Pero la ilusión no me duró ni veinte segundos antes de convertirse en terror. En efecto, el reportaje estaba ahí, en la página 15. Pero en vez del titular que yo había escogido, había uno más efectivo, con más arrastre para los lectores:

«El loco más peligroso de América».

Todo un semestre de investigación se acababa de ir al traste. Al día siguiente, el abogado de Guzmán me envió un correo furioso. Traté de explicarle que yo no había escogido el titular, que así son las reglas y que uno las admite al trabajar para un diario. No me creyó. Supongo que suena difícil de creer. En cualquier caso, su último correo terminaba con la frase «que le vaya bien en la vida, señor Roncagliolo». A los La Torre, ni siquiera me atreví a llamarlos de nuevo.

En un primer momento, decidí abortar el proyecto de escribir este reportaje. Luego pensé que al menos podría escribir una crónica interesante —aunque incompleta— sobre un hombre que, para bien o para mal, merecía un libro, y aprovechar la ocasión para drenar parte de la hemorragia emocional de la investigación. Como fuese, terminé el libro y me prometí que sería lo último que escribiría al respecto. Pero en el año 2006, cuando ya estaba contratado para su publicación, ocurrió un hecho inesperado.

Yo había publicado una novela ambientada precisamente en el Ayacucho de la posguerra contrasubversiva. Durante la gira promocional en el Perú, la presenté en la feria del libro de Lima. Al terminar la charla, se me acercó un hombre bajito y de lentes con modales de párroco. Se presentó como Carlos Álvarez. Dijo que trabajaba como agente pastoral en cárceles de todo el país —aunque no era cura en realidad—, y que parte de su trabajo implicaba hacer promoción cultural en los recintos penales. Entre otras cosas, organizaba cursos de francés y exposiciones de pintura y escultura de los presos. En la medida en que los presos por terrorismo son casi los únicos con algún interés cultural, su contacto era frecuente. Y ya que ellos eran personajes de mi novela, él quería preguntarme si yo podría hacer una presentación de mi novela en la cárcel de Castro Castro.

Lo primero que pensé es que ese hombre estaba loco. Durante ese viaje al Perú, yo ni siquiera había intentado pedir permisos para entrar en ninguna prisión. Entre las trabas burocráticas y la desconfianza de los senderistas, no parecía posible avanzar gran cosa con ellos. Aunque eran fuentes obligatorias de una investigación como la mía, yo las daba por perdidas.

—¿Tú quieres llevarme a Castro Castro? —pregunté.

—Supongo que estás muy ocupado, pero los reclusos lo apreciarían.

—¿Puedes llevarme con Osmán Morote? ¿Y con María Pantoja?

—Sí, pero entonces tenemos que hacer presentaciones en dos cárceles más.

Tres días más tarde, me encontraba dando una charla ante los presos por terrorismo en la cárcel de Castro Castro. Y al día siguiente, en el nuevo penal de máxima seguridad de Piedras Gordas, en Ancón. Para mi sorpresa, ni siquiera me revisaron en las puertas. Tras veintiséis años entrando en los presidios, Carlos gozaba de la confianza ciega de las autoridades. De hecho, sus visitas reducían la tensión habitual entre presos y custodios, algo que ambos grupos siempre agradecen. Además, eran los últimos días del gobierno de Toledo, y las autoridades penitenciarias querían terminar su gestión dando una señal de distensión y bienestar en las prisiones. Qué mejor que un evento cultural.

Las prisiones son buenos lugares para conocer un país, porque guardan todo lo que una sociedad no quiere ver de sí misma. Y Carlos tenía acceso total. Pude conversar no solo con presos de Sendero Luminoso, sino también del MRTA, reservistas de Humala, asesinos, violadores, narcotraficantes. Toda una visita guiada por aquello que el Perú prefiere mantener encerrado.

Los presos senderistas se distinguen claramente de los demás reclusos, incluso en un sentido étnico. No son tan andinos como los reservistas del ejército ni tan blancos como los del MRTA. La mayoría son mestizos con formación universitaria y acento de provincia.

La psicología senderista también presenta rasgos especiales: el más llamativo es su sentido casi monacal de la existencia. Aunque vivan rodeados de gente que escucha música tropical y se pelea a cuchillazos, ellos habitualmente no fuman ni beben. En sus pabellones están prohibidas las drogas, y se organizan talleres de artesanía con sus propios hornos. Algunos estudian idiomas, y los más activos montan debates sobre actualidad y realidad social.

—Ahora queremos instalar televisión —me dijo uno en Castro Castro.

—Pongan canal porno, ¿no? —Traté de bromear un poco—. Tantos hombres juntos debe ser algo difícil de sobrellevar.

El interno se apresuró a negarlo.

—Nada de pornografía aquí, ni drogas. Eso es para los comunes. Solo les permitimos entrar en nuestros talleres si dejan sus vicios afuera.

—¡Ahora va a resultar que el último bastión de la moral católica son precisamente ustedes! —Me reí.

A él no le pareció gracioso.

—No es moral. Es disciplina —corrigió.

De hecho, algunos senderistas como Nelly Evans tomaron los hábitos antes de tomar las armas. Y no es casual. Mientras conversaba con ellos, me daban la misma impresión que a menudo me producen mis amigos curas: personas que necesitan en sus vidas un sentido trascendental. Gente que abraza un discurso por el cual vivir —o por el cual morir— y, por tanto, una norma de acción clara y rígida, sin lugar a dudas, fisuras ni matices. En suma, una verdad. Yo pertenezco a un mundo en que eso ya no existe.

A pesar de su cohesión, no todos los senderistas eran iguales. Había diferencias generacionales evidentes. Los más jóvenes preguntaban por lo que ocurría afuera, les interesaba escuchar opiniones y conocer noticias. Los mayores, en cambio, hablaban dictando cátedra. Tendían a recitar largas peroratas sobre la vigencia del marxismo y la línea revolucionaria universal. Muchos me preguntaban si había leído a Mariátegui, porque, de lo contrario, no me consideraban digno de sostener una conversación con ellos. Algunos, los más radicales, ni siquiera aceptaban la derrota militar de Sendero Luminoso, porque eso iba «en contra de los principios proletarios». Los dirigentes de mayor edad aún sostienen debates entre sí sobre la correcta interpretación del maoísmo. Con frecuencia se odian desde hace años por diferencias ideológicas que solo comprendería un especialista en materialismo dialéctico. Después de más de dos décadas entre cuatro paredes, muchos ni siquiera han visto la caída del muro de Berlín. Algunos me preguntan qué se piensa de ellos en España, con la esperanza de que alguien piense en ellos en alguna parte.

Por supuesto, conforme más importante es un dirigente, más tiempo lleva imbuido de ideología y más rígido es su régimen de aislamiento. En el penal de Castro Castro, los presos me invitaron a almorzar. En cambio, en la prisión de máxima seguridad de Piedras Gordas, donde los presos ni siquiera pueden comunicarse de un pabellón a otro, la recepción que me dispensaron fue considerablemente más fría.

En ambas cárceles, sin embargo, encontré por primera vez una buena disposición para hablar sobre Guzmán. Los internos ya no me consideraban un periodista entrometido, sino un escritor que se interesaba por su versión de la historia, lo cual, además, era cierto. Y afortunadamente, ninguno parecía haber leído el titular de mi reportaje.

Esta vez, ni siquiera fueron necesarios mis patéticos esfuerzos por fingir cercanía. Aclaré que no estaba de acuerdo con sus posiciones y que no era mi intención defenderlos, pero que contaría su historia con toda la fidelidad que mi memoria permitiese. Muchos de ellos no consideraban que fuese posible actuar como un observador al margen de los hechos. Exigían una definición ideológica por mi parte. Por otro lado, si querían contar sus historias —y querían— tampoco tenían muchas alternativas. Yo no sería gran cosa, pero era lo mejor que podían conseguir.

Durante tres días, en tres prisiones distintas, conseguí sostener charlas personales y distendidas con dirigentes y guardianes de Guzmán. Con la información que me dieron, contrasté y completé el grueso de este libro. Sin embargo, en la medida en que sus juicios siguen pendientes, los informantes me pidieron que no revelase sus nombres. Argumentaron que incluso la información que habían ofrecido a la Comisión de la Verdad había sido usada contra ellos en sus procesos judiciales. Yo he respetado ese compromiso en el libro, aunque debo aclarar que no conseguí encontrarme con Osmán Morote, que el día de mi visita tenía una vista judicial. Las autoridades penitenciarias fueron amables conmigo, pero a Piedras Gordas tampoco puede uno entrar cada vez que le da la gana.

El último día, regresé a la cárcel para mujeres de Chorrillos, donde tiempo antes me había encontrado con Maritza Garrido Lecca. Llegué al auditorio antes de que abriesen la puerta del pabellón B, y ante mí solo había una señora. Llevaba un pantalón como de traje sastre, un jersey de lana sobre la blusa y, como único adorno, un collar de imitación de perlas. Al principio, pensé que sería alguna funcionaria. Tardé unos segundos en reconocer a Elena Iparraguirre, camarada Miriam.

Normalmente, Iparraguirre continuaba aislada en una celda individual, pero le habían permitido asistir a mi presentación. Como no esperaba verla, solo comprendí realmente quién era cuando ella me tendió la mano y me dijo:

—El señor Guzmán ha leído su novela.

—¿En serio? ¿A usted le permiten verlo?

—Solo en las sesiones del juicio. En una de ellas me pidió su novela, y yo se la hice llegar.

No supe qué responder. Como es habitual en estos casos, dije lo más estúpido que me vino a la mente:

—Espero que le haya gustado.

—Aprecia que, por primera vez, un autor hable de nosotros sin insultarnos. Pero considera que es demasiado neutral. En este tema hay que definirse, hay que tomar posición.

—Ya.

—También le gusta el estilo. Dice que es rápido, vertiginoso, como los tiempos que corren. Pero, en su opinión, que renuncia usted a profundizar en las causas de la guerra.

—Bueno, no es una tesis, sino una ficción. No creo que la novela deba ser una herramienta política.

—Nosotros sí.

—Claro, lo imagino —respondí. Otra frase brillante por mi parte.

—Yo también estoy escribiendo una novela —añadió—. De tema político.

—¿Autobiográfica?

—Más o menos.

Las demás internas comenzaron a llegar de inmediato. Las primeras me dieron la mano para saludarme, pero conforme se acumulaban, empezaron a besarme en la mejilla. Alguna que otra recordaba mi visita anterior. Sin embargo, el evento verdaderamente importante para ellas era saludar a Iparraguirre. No tenían muchas ocasiones de verla, y pronto la rodearon y la bombardearon con preguntas, especialmente sobre su salud.

Yo esperé el final del reencuentro para comenzar la presentación.

Desde el punto de vista de un conferencista, las mujeres de Chorrillos son quizá el mejor público que he tenido. Su atención era total, se reían con todos los chistes y participaban constantemente con preguntas y comentarios. A diferencia de los varones, parecía darles igual si yo pensaba como ellas o no. Como en mi visita anterior, les interesaba más escuchar sobre el mundo exterior que darme lecciones de materialismo. Imagino que ese es el efecto de distensión que causa un hombre en una cárcel de mujeres. Se parece al de una mujer en una cárcel de hombres, con la diferencia de que las chicas siempre han sido más educadas que los chicos. Y con el agravante de que, en Chorrillos, las mujeres tenían vetado el sexo. La dirección penitenciaria les había quitado el derecho a la visita íntima para evitarse la complicación logística del exceso de bebés.

Carlos me había contado que, al principio, las mujeres de Sendero no mostraban ningún tipo de marca de género. Su obsesión por la igualdad era tal que se negaban a pintarse o vestirse femeninamente. Él recuerda una fiesta de Año Nuevo en que súbitamente las encontró maquilladas, con faldas, incluso con ganas de bailar. Para él, ese fue un punto de inflexión, una señal de que empezaban a comportarse menos como revolucionarias y más como chicas. El siguiente paso fue la progresiva aparición del sentido del humor en sus palabras.

En general, me parece que las mujeres suelen tomarse menos en serio que nosotros. Pero creo que en la cárcel de Chorrillos opera un elemento adicional: las mujeres tienen hijos. Los paren con su propio cuerpo y —sobre todo en un país machista como el Perú— se sienten más vinculadas a ellos que los hombres. Los hijos de estas mujeres crecen fuera de la cárcel, en un mundo que las odia. Eso las hace más conscientes de la realidad exterior; de hecho, implica un lazo constante con ella, una relación afectiva y no ideológica con lo que hay del otro lado del muro.

Entre todas estas mujeres, el poder de Elena Iparraguirre era tangible. A veces, intervenía en la charla con apuntes sobre Balzac o Flaubert, o comentarios acerca de la representación de los conflictos sociales en la literatura. Era sin duda la más culta de mi audiencia, y tenía clara conciencia de que eso resaltaba su posición jerárquica. En realidad, cada detalle, incluso físico, escenificaba esa posición. Ella estaba sentada en una esquina de la primera fila, flanqueada por Laura Zambrano y María Pantoja, y las tres resaltaban por su edad y por su atuendo de señoras. Tras dos horas hablando, yo decidí continuar la charla sentado. Como movidas por un resorte, todas las presas se desplazaron a nuestro alrededor dejando un túnel entre mi asiento y el de las tres dirigentes, que no se movieron un milímetro.

La charla y el diálogo duraron en total cuatro horas, de nueve a una. Empezaba a temer que no alcanzaría a entrevistar a Iparraguirre. Súbitamente, Carlos, que había estado en silencio, se levantó y anunció: «A ver, señoritas, el señor se va quedar conversando con las señoras dirigentes, pero necesitan estar solos, por favor».

Un instante después, casi antes de que me diese cuenta, todas habían desaparecido.

Supongo que eso es lo que se llama disciplina.

•••

«Les agradezco que hayan aceptado conversar conmigo. Ésta no es una entrevista para un periódico. Estoy trabajando en un libro. Un reportaje. Queda poco por decir sobre Sendero Luminoso, sus motivaciones políticas y sus métodos. Pero a mí me interesa el lado que no se ha visto, el de sus historias personales. Me interesa saber quiénes son y cómo llegaron a serlo. Y para eso, mi investigación se centra en un personaje. Ya se imaginarán ustedes quién.» Laura Zambrano y María Pantoja sonrieron. Me sorprendió especialmente Pantoja. Mis archivos la declaraban ancashina, pero su acento, su piel, parecían de una limeña de clase media, incluso alta. Llevaba un jersey azul y el pelo corto. Su actitud no era desafiante, pero sí desconfiada. Estaba constantemente alerta, y se apresuraba a aclarar que ellos eran combatientes y que su única historia personal relevante era ese combate. Zambrano, en cambio, tiene un tipo más andino. Llevaba unos aretes largos y un chal ligero. Y guardaba silencio, como lo guardó durante todo el encuentro. Sentada entre ambas, Elena Iparraguirre se mostraba relajada, incluso sonriente. Era más expansiva que sus lugartenientes, y creo que se sentía halagada por mi interés. Es más, al principio creía que el libro era sobre ella, porque tras los prolegómenos dijo:

—Ah, ¿estamos hablando de Abimael?

Creí atisbar un mohín de decepción en su rostro.

—Me gustaría saber cómo lo conoció, por ejemplo. Tengo entendido que fue en las cárceles, cuando integraba Socorro Rojo.

—No. Ahí conocí a Augusta La Torre, de quien me hice muy amiga. A Abimael lo conocí después, en el año 73. Me habían hablado mucho de él, así que asistí a una charla que ofreció sobre el Partido Comunista. La charla duró seis horas. Al final, yo fui la única que hizo una pregunta. Pregunté por qué el Partido Comunista no había hecho la revolución. La respuesta duró cuatro horas más.

Todos los dirigentes senderistas que entrevisté conocieron a Guzmán en una conferencia, clase o charla. Nadie lo vio en una fiesta, o le fue presentado por amigos comunes, o tuvo un encuentro casual con él en la universidad. Guzmán solo socializaba desde el podio. En efecto, los dirigentes aseguran haber quedado impactados con su oratoria, y uno de ellos atestigua una charla de dieciocho horas continuas. Es como si Guzmán se hubiese pasado la vida hablando. Lo mismo, comprendo ahora, hacían los dirigentes encerrados en Piedras Gordas. A diferencia del estilo pragmático del político moderno, ellos encadenaban largos discursos y defendían tesis con un lenguaje que no dejaba lugar para el doble sentido. Para ellos, cada palabra estaba perfectamente codificada, y una imprecisión lingüística de su interlocutor podía costarle una respuesta de horas solo para establecer el sentido exacto de un vocablo.

—¿Cómo era Augusta La Torre?

—La camarada Norah era una mujer con mucha empatía. Era capaz de comunicarse con cualquiera. Se hacía entender por campesinos y maestros con gran facilidad.

—Dicen que era una mujer impetuosa.

—Era muy apasionada.

—¿Diría usted que tenía mal carácter?

—Abimael sí tiene mal carácter. Pero es persuasivo. También consigue conectar de un modo muy personal con la gente, y tiene un poco de sentido del humor, sobre todo para distender las situaciones difíciles.

No era la respuesta a la pregunta, pero me estaba acostumbrando. Patentes cambios de tema como ese dominaron buena parte de la conversación. Es extraño entrevistar a una persona acostumbrada a los interrogatorios policiales, entrenada para eludir las declaraciones comprometedoras, pero con ganas de contar su historia. Una vez más, yo sentía que el relato de Iparraguirre no estaba en las palabras que pronunciaba sino en los silencios que guardaba, que nuestra entrevista sería un trabajo mutuo de tauromaquia.

—He leído un poema suyo —continué—, en el que les explica a sus hijos por qué los dejó para unirse a Sendero. Debió de ser una decisión difícil.

—En realidad, no. Llevaba años haciendo trabajo político y teniendo claro que mi vida estaría dedicada a la revolución. En cuanto la posibilidad se concretó, fue natural abandonarlo todo.

—¿Así, nada más? ¿Fue tan fácil?

—Fue doloroso. Me tuve que amarrar el corazón con las tripas para hacerlo. Pero no fue difícil. En estos casos no funciona la voluntad sino otras leyes.

—¿Conversó con su esposo sobre su decisión o simplemente desapareció?

—Esas cosas no se conversan. Pero él me conocía. No hacía falta dejar una nota ni nada por el estilo. Afortunadamente, él es una persona muy noble, que en todos estos años se ha portado muy bien con mis hijos y conmigo.

Hicimos una breve pausa mientras Maritza Garrido Lecca nos servía un almuerzo con pollo, ensalada y arroz. El aspecto de Maritza era mucho peor que en mi anterior visita. Su caso había sido revisado y le habían caído veinticinco años sin derecho a beneficios penitenciarios. Ahora estaba apelando. Ya no llevaba la camisa roja, sino un viejo jersey rosado. Su mirada estaba gris, y su cuerpo, más delgado aún. Esta vez le pregunté si había visto la película de Malkovich. Me respondió que no. Le pregunté si alguien se la había comentado. Entonces María Pantoja hizo otra de sus contundentes intervenciones:

—Es una película malísima —dijo. Laura Zambrano no dijo nada.

Luego continuó la conversación con Iparraguirre:

—Hábleme un poco de la vida en la clandestinidad.

—Al principio no era tan complicado. Es decir, no más de lo normal. Considere que, durante muchos años, nadie sabía quiénes éramos. Con el tiempo, sobre todo después de que aparecimos en los videos de televisión, hubo que ser más cuidadosos. Nos mudábamos con más frecuencia. Ya no podíamos acercarnos a las ventanas...

—Y sin embargo, convocaban reuniones.

—Sí, pero eran complicadas. Cada encuentro requería una intensa labor de seguridad, apoyo logístico y organización. Los visitantes no podían llegar bebidos ni armados. Y todos tenían que llevar el uniforme azul. Todo eso implicaba mucho trabajo. Solo el Primer Congreso del Partido nos tomó como un año de preparativos.

—Precisamente iba a preguntarle por el congreso. Tengo entendido que fue el escenario de grandes luchas internas.

—No. Hubo discusiones, pero las normales en estos casos. Para cambiar hay que depurar, y uno siempre encuentra resistencias. Pero teníamos sistemas para resolver las discrepancias. Y funcionaron, como siempre.

—Uno de los temas más polémicos fue la institución del pensamiento Gonzalo. ¿No era una manifestación extrema del culto a la personalidad?

—Era solo una adaptación estratégica del maoísmo a la realidad peruana. La revolución china siempre había actuado en el campo. Pensamiento Gonzalo centraba en ciudad.

Iparraguirre es limeña y habla con acento de clase media culta. Pero, por primera vez, no dice *el* pensamiento Gonzalo *se* centraba en *la* ciudad. Esa última frase la pronuncia sin pronombre ni artículo, como en el español andino de Guzmán.

—Osmán Morote fue uno de los que se resistió a los cambios, y fue arrestado precisamente en los meses del congreso.

—Sí.

—Muchos piensan que ustedes mismos lo entregaron a la policía, o al menos lo dejaron caer porque se había vuelto... incómodo. Elena Iparraguirre no responde a esto directamente. Los gobernantes y los políticos en general suelen tener un ministro, funcionario o vocero que se encargue de decir las cosas más duras. Así, no se ven obligados a decirlas ellos personalmente, y se reservan para las buenas noticias. Algo así parece ser la repartición de tareas entre Iparraguirre y quien responde en esta ocasión por vez primera. Por supuesto, María Pantoja:

—Eso es una estupidez.

—Tal vez, pero es una estupidez afirmada por la policía. Es una fuente confiable.

—¿Quién es una fuente confiable? ¿Benedicto Jiménez? Por favor. No le crea a Jiménez. Vive de mentir sobre nosotros.

Yo había escuchado esa frase exactamente igual en algún otro lugar.

—Ya, pero el hecho coincide con el perfil de Morote que me dio... —Les dije el nombre real de la informante Clara, la de Ayacucho—. ¿Conocen a esa mujer?

Iparraguirre asintió:

—La recuerdo como amiga de Augusta La Torre.

—Ella describió a Morote como un hombre ideológicamente puro. Ingenuamente puro, por decirlo así. Un policía me repitió esa descripción: un hombre tan aferrado a su ideología que no entiende de cambios estratégicos ni adaptaciones al terreno.

María Pantoja se rió. Era una de esas risas de quien sabe algo que tú no. Como cuando describes a alguien frente a su esposa o su padre, y tu descripción le recuerda algún episodio personal. Comprendí que había alcanzado uno de los límites que esta conversación no cruzaría. Era hora de cambiar de tema.

—Otro que discutió la línea del partido en el congreso fue Feliciano —dije.

Iparraguirre no había perdido la calma en ningún momento. Mantenía una sonrisa benévola y relajada. Noté que ninguno de los cuatro —ni Carlos, que nos acompañaba en silencio— habíamos tocado la comida. Los platos y los postres se habían ido sucediendo sin que nadie los probase. Solo bebimos el té que nos trajeron al final.

—Feliciano quería dirigir para sí mismo —respondió Iparraguirre—. Es normal. En todas las revoluciones hay disputas entre la dirección política y la militar. Y Feliciano no era un hombre demasiado inteligente. ¿Conoces a Marighela?

—No.

—Un brasileño. Escribió *Mini-manual del guerrillero urbano*. Un librito de consejos para poner bombas. Eso era lo máximo que Feliciano era capaz de leer.

—La principal crítica de Feliciano a la dirección del partido era que ustedes estaban en Lima, no en el teatro de operaciones de la sierra.

—Queríamos preservar la dirección. Conocíamos la experiencia de las guerrillas de los años sesenta. Sus dirigentes estaban todos en el campo, y todos murieron. Era más difícil matarnos en Lima.

—Pero Feliciano sí combatía en el campo.

—Al final, decidimos mudarnos. Lima dejó de ser segura para nosotros. Y la etapa de la guerra en que estábamos imponía la necesidad de dirigir desde el campo. Pero necesitábamos un aparato militar propio y un lugar seguro en la sierra. Feliciano era el encargado de conseguir ambas cosas. No consiguió ninguna.

—¿Es posible que él no haya visto satisfechas sus pretensiones? ¿Él quería ser el delfín de Guzmán?

—Nunca reunió las condiciones para serlo.

—Y Hugo Deodato Juárez Cruzatt, el camarada Germán, que murió en el operativo Mudanza 1. ¿Era él el sucesor?

—No.

—Dicen que cuando él murió, Guzmán dijo: «Han matado a mi mejor hijo».

—Todos apreciábamos al camarada Germán.

—Si Guzmán hubiese muerto o desaparecido durante los años ochenta, ¿quién habría sido el sucesor? ¿Augusta La Torre? ¿Usted?

—El partido. El partido habría resuelto esa cuestión.

Ahora, solo me quedaba una pregunta sobre la cúpula. Supongo que era la más difícil. Pero a la vez, cierto clima de respeto mutuo se había instaurado entre nosotros. A pesar de lo poco que Iparraguirre dejaba escapar, y de que respondía todo tangencialmente, me parecía que se estaba abriendo mucho más allá de lo que cualquier dirigente se había atrevido en mis anteriores entrevistas. Quizá porque no tenía nada que perder. Era la número 2, la pareja sentimental de Gonzalo. Todos los demás, incluso los miembros del Comité Central, aún podían arañar algún beneficio penitenciario en sus procesos, pero ella sabía que lo más probable era que permaneciese sepultada en la prisión de por vida. Su lucha no era para quedar en libertad sino para pasar el resto de su condena con Guzmán. No había nada que le interesase ocultar, al menos no en su historia particular, en la medida en que no afectase a sus subordinados. Estaba orgullosa de todos sus actos. Y pensé que ambos estábamos preparados, que habíamos recorrido todo el camino de esta entrevista conscientes de adónde llevaba.

—¿Qué pasó con Augusta La Torre? ¿Cómo murió?

—Del corazón.

—Pero... es extraño, ¿no? Era una mujer joven, cuarenta y pocos, no había habido ningún aviso. ¿De repente, le dio un infarto?

Elena Iparraguirre clavó su mirada en la mía. No se apartó de sus modales amables. Nada cambió en su tono de voz. Pero su mirada era glacial esta vez. El cambio era sutil pero notorio. Quien me respondió esta vez no era Elena Iparraguirre sino la camarada Miriam:

—Nuestra posición es que murió del corazón. El partido lo ha decidido así.

«Tras la muerte de Norah, usted se enamora de Guzmán. Imagino que al interior de su partido, al menos en algún sector, eso puede haber producido algún tipo de rechazo, como si usted tratase de reemplazar a su camarada ya no solo en la jerarquía sino en los afectos del líder.»

Nos habían retirado las tazas y yo era consciente de que no nos quedaba mucho tiempo. Ya habíamos hablado dos horas. Pero Iparraguirre no daba ninguna señal de incomodidad o fatiga. Al contrario, después de tocar el tema de Augusta La Torre, se había explayado sobre los años en que la conoció y el trabajo político que hicieron juntas antes de tomar las armas. Trataba de demostrarme que ella quería a Augusta La Torre, más allá de las decisiones del partido. Por otro lado, en su vida y en la de los suyos no había nada más allá de las decisiones del partido. Recordé las palabras de Guzmán: «No tengo amigos. Camaradas sí tengo». Y traté de reconducir la conversación con esa pregunta.

—Mi relación con Abimael no fue inmediata. Superar lo de Norah tomó un año. Solo después de eso afloraron los sentimientos. De la admiración al amor hay un trecho muy corto.

—¿No era peligroso que los dos principales dirigentes viviesen juntos? Si caía uno, caería el otro, como en efecto ocurrió.

—Nunca medimos los riesgos. Nunca midieron los riesgos.

Habían medido todo, habían calculado con frialdad incluso la muerte, pero no esto. La gran fuerza de Sendero fue siempre la convicción ideológica casi religiosa que les permitía correr riesgos imposibles y pensar como un solo cerebro. Los senderistas consiguieron tal grado de identificación con su discurso que responden a las preguntas incluso con las mismas palabras. Su mente está equipada de un modo tan hermético que ningún dirigente se ha quebrado ni vendido en dos décadas. Pero lo mismo que les daba fuerza era su mayor debilidad. No pudieron controlar el amor, el odio, la traición entre sus líderes: Iparraguirre y Abimael, Abimael y Feliciano, Juárez Cruzatt y su novia, Osmán Morote, todos cedieron a impulsos afectivos de atracción o rechazo mutuo no previstos en la ideología. Es imposible barrer, repudiar, aplastar lo que ellos llaman individualismo pequeño-burgués y los demás llamamos humanidad.

—Hay algo que no consigo imaginar —digo ahora—: dos personas trabajando veinticuatro horas al día en hacer una guerra, manipulando la violencia, escondidas del mundo exterior, sabiendo que en cualquier momento puede llegar la policía, o peor, el ejército. ¿Cómo alguien expresa sus emociones en esa situación? ¿Cómo alguien dice, por ejemplo, «te quiero»?

Ella se rió.

—Se puede. Es difícil pero se puede, créame.

—¿Y era fácil compaginar esos sentimientos con las relaciones jerárquicas entre ustedes?

—No. Con decirle que hasta el día de nuestra captura, yo lo llamé «Presidente»...

—Ya. Supongo que era una relación endurecida por las circunstancias.

—No realmente. Él me trataba con ternura.

Al decir eso, Iparraguirre se ruborizó un poco. Aunque estaba dispuesta a sortear las preguntas más comprometedoras sobre la guerra, le costaban las preguntas personales. No las esperaba. Supongo que nadie se las había hecho en mucho tiempo. Y un periodista, nunca.

—¿Cambió algo entre ustedes tras la captura?

—No. Abimael ni siquiera cambió su rutina en la prisión. En la medida de lo posible, seguía igual. Leía las mismas horas, escribía las mismas horas. Es un hombre con un temperamento muy estable y tranquilo.

—Supongo que los guardias los hostigarían.

—Él les inspiraba un gran respeto a los guardias. Recuerdo que una vez, uno de los carceleros me estaba maltratando. Abimael le dijo: «Su actitud no se condice con la dignidad de su rango». El otro se quedó tan perplejo que me dejó en paz.

—Usted volvió a ver a sus hijos en la prisión. ¿Recuerda ese reencuentro?

—Fue terrible. Había un oficial de la Marina de Guerra al lado. No podía hablarles con comodidad. Quería decirles muchas cosas, pero... en fin.

—¿Siente que sus hijos no comprenden lo que hizo?

—Es difícil para ellos. Mi hija ya es mayor, pero no quiere tener hijos, debido a la madre que tuvo.

—¿Y los comprende usted a ellos? Debe ser consciente de que su partido hizo cosas terribles. ¿Nunca se arrepintió, o se sintió culpable en algún grado por todo lo ocurrido?

A Elena Iparraguirre le afectaba el tema de sus hijos. Fui descubriendo que cuando un tema le dolía, no se negaba a hablar de él ni se molestaba. Simplemente, desviaba la respuesta. O respondía, como en ese momento, con un encogimiento de hombros y una declaración general:

—Era una guerra, pues. Así son las guerras. No se puede controlar todo.

—Voy a hacerle una última pregunta. En uno de sus poemas, anota usted algo sobre Guzmán que coincide con otras fuentes. Dice que él nunca llora. ¿Es verdad?

—Nunca. Una vez me explicó por qué. Durante su niñez, cuando su mamá lo abandonó, sus últimas palabras fueron: «Cuida del hijo de tu madre. Eres el que mejor puede hacerlo».

Guardamos silencio un rato, que a mí me pareció interminable. Habíamos hablado durante tres horas, y yo me sentía completamente agotado. Creo que ella también. Al levantarnos, María Pantoja y Laura Zambrano se despidieron. No recuerdo que esta última pronunciase una palabra ni siquiera en ese momento. Había actuado con silenciosa cortesía de principio a fin. En cambio, Elena Iparraguirre había sido mucho más colaboradora de lo que yo esperaba. Lo último que me dijo al despedirse fue:

—Quiero aclarar que he sido muy franca con usted y me he abierto por el respeto que me inspiran su persona, su trabajo y su familia.

No entendí exactamente a qué venía la mención a mi familia. Recordé lo que ella le había dicho al fiscal cuando la detuvieron:

«¿Usted es de Iquitos? El partido está ahí desde hace años». Solo atiné a sonreír.

Incluso el triste cielo de Lima parece menos grave cuando uno abandona una cárcel. En la semana de mis visitas a las prisiones se produjo el cambio de gobierno. Algunos de los informantes de este libro, como Nancy Obregón juraron como congresista de la nación. Ella lo hizo con el puño en alto. Benedicto Jiménez, con el tiempo, sería nombrado director del Instituto Nacional Penitenciario. Irónicamente hoy se encuentra preso por los delitos de lavado de activos y asociación ilícita. Al mismo tiempo que ellos, el almirante Luis Giampietri, uno de los responsables de las masacres en las cárceles de 1986, asumió el cargo de vicepresidente de la República. El presidente Alan García fue también el mismo de entonces.

Al mes siguiente, cuando regresaba de uno de sus juicios, Elena Iparraguirre se resistió al registro policial. Las empleadas de la prisión la revisaron de todos modos y encontraron dos discos que había recibido, probablemente de Guzmán. Según la nota del periódico, los discos contenían imágenes de «bailes con simbolismos de ajusticiamiento y personas uniformadas militarmente con símbolos terroristas». Según Iparraguirre, era el video de una ópera china, y es demasiado pedir que una funcionaria de prisiones supiese distinguirla de un panfleto subversivo. Aunque la vida no parece muy distinta de una ópera china. Aquí, al nivel del suelo, los personajes cambiamos de ropa y de escenario. Mientras tanto, allá arriba, el cielo limeño sigue siendo igual de gris.

Principales teatros de operaciones de Sendero Luminoso

Epílogo diez años después

La batalla de la memoria

—Papá, me aburro. No hay videos de bombas. Ni se ve cuando se mataban.

Es 2017 y traigo a mi hijo al Lugar de la Memoria, la Tolerancia y la Inclusión Social, el museo que guarda el recuerdo de la violencia política del Perú durante el último cuarto del siglo XX. El chico aguanta bien en el primer piso. La información periodística básica y algunas fotos de «cuando se mataban» lo mantienen entretenido. En el segundo piso, la muestra se vuelve más conceptual y los temas, más complejos: violaciones sexuales y desaparecidos están representados metafóricamente, mediante instalaciones plásticas o tejidos. Aquí, él ya no se entera bien de qué se trata todo.

Quizá no debería traer aquí a un niño de ocho años. Pero qué puedo hacer: es su historia. Se la tengo que enseñar.

En España, donde yo resido y él nació, sería inviable un museo oficial dedicado a la Guerra Civil. La trifulca política asegurada disuadiría a cualquier político de intentarlo siquiera. Tampoco fue posible encarcelar a los violadores de derechos humanos. Tres cuartos de siglo después de la guerra, cuando ya nadie podía ir preso, el juez Baltasar Garzón ordenó simplemente buscar los cadáveres de los desaparecidos. Aun así, el Poder Judicial expulsó al juez.

Por el contrario, en el Perú los tribunales han condenado a los miembros de Sendero Luminoso, pero también a un presidente y oficiales militares por crímenes de lesa humanidad. Una comisión encargada por el Estado ha investigado la violencia y, en base a sus conclusiones, se ha ofrecido reparaciones civiles a las víctimas. Comparada con la mayoría de países con conflictos internos, nuestra gestión de la memoria es notablemente civilizada.

El Lugar de la Memoria es un ejemplo de ello. Espectacularmente enclavado en el acantilado frente al mar y diseñado con una arquitectura vanguardista, el museo pretende contar lo ocurrido de la manera más objetiva posible, intentando que las opiniones no oculten los hechos y cada visitante pueda sacar sus conclusiones (en esto no estarían de acuerdo los senderistas y muchos militares, pero eso es precisamente una señal de objetividad).

En cualquier país, después de la violencia, está en juego su relato: cómo se cuenta, y por tanto, cómo se recuerda lo ocurrido en los libros de historia, en los reportajes, en las novelas. Por lo general, los vencedores borran la memoria de los vencidos. Las identidades nacionales se forjan naturalmente contra la amenaza del enemigo pasado, al cual no se le permite dar su punto de vista. La propia Europa se construyó a sí misma contra el fantasma del nazismo, y la apología fascista sigue siendo ilegal en muchas legislaciones del continente.

Siguiendo la misma lógica, en España también es ilegal cualquier historia que cuente el punto de vista del grupo terrorista ETA. Ni libros ni documentales. Ni siquiera es posible hacer chistes al respecto. Mientras escribo estas líneas, la justicia española condena a cárcel a dos tuiteros sin relación con la banda que han colgado en redes sociales bromas de humor demasiado negro. Aunque ETA ha sido derrotada militarmente y ya no es una amenaza, escuchar públicamente su versión de la violencia, o algo que pueda parecerse a ella, tomará mucho tiempo, si algún día sucede.

En cambio, al menos en el ámbito de la cultura, el Perú es un país con ganas de hablar. Y escuchar.

La memoria de los hijos

Hace diez años, cuando apareció La cuarta espada, la bibliografía sobre el tema estaba compuesta de análisis sociológicos, ensayos de interpretación y otras abstracciones académicas. Preguntar concretamente por individuos, buscar los testimonios de los combatientes, rascar en la carne y el hueso, resultaba muy complicado y podía acarrear incómodas consecuencias, incluso judiciales.

El testimonio de los senderistas y los militares ni siquiera resultaba aceptable para muchos de mis colegas: críticos, periodistas y profesores universitarios. Una y otra vez, me vi envuelto en la misma discusión:

—Pero ¿cuál es la tesis de tu libro? -me preguntaban.

—No hay tesis. Quiero contar una historia. O que la cuenten sus protagonistas.

—Eso no es serio -me espetaban con mirada rigurosa.

Para ellos, los libros eran cosa de intelectuales. Y los intelectuales hacen tesis, con hipótesis, citas y conclusiones. Pero yo soy un periodista. Me parecía -me sigue pareciendo- que los autores de la violencia tenían cosas más interesantes que decir que yo. Y de hecho, con La cuarta espada comprobé que las historias tienen un poder mucho mayor que los argumentos y los análisis.

El año que el libro apareció, dirigía el Instituto Nacional Penitenciario el general Gustavo Carrión, un ávido lector. Y su segundo al mando era Leonardo Caparrós, un escritor. Por simpatía hacia mi oficio, y a condición de que fuese discreto, ellos me permitieron entrar en las cárceles a presentar La cuarta espada ante sus personajes. Dado lo sensible del tema, fue una decisión arriesgada. Hasta ahora les agradezco que la hayan tomado porque se convirtió en una de las experiencias más conmovedoras de mi vida.

Los senderistas, emerretistas, policías y militares presos abarrotaron esas presentaciones, no tanto para escucharme a mí como para escucharse entre ellos. Uno tras otro, durante horas, y a veces con lágrimas en los ojos, contaron públicamente sus historias personales. Compartieron su dolor. Y se encontraron a través de las narraciones. Esas personas que se habían disparado mutuamente durante años tenían más en común entre sí que con gente como yo. Y si mi libro les servía para entenderse ahí dentro, quizá sirviese también a los que estaban afuera. En ese caso, yo podría sentirme orgulloso de hacer algo útil, aunque fuese por una vez.

Por supuesto, también tuve críticas entre los presos. La más insistente entre los senderistas, sobre todo los más viejos, era que mi libro hablaba de «individuos» con nombres propios: Guzmán, Benedicto Jiménez,

Augusta La Torre... Para estos fervorosos comunistas, eso era un error. Los individuos no importan. Todo está regido por las leyes sociales. Su ideal narrativo era el libro de Karl Marx El 18 Brumario de Luis Bonaparte, que cuenta un golpe de estado de la Francia del XIX en términos de lucha de clases. Los personajes de ese libro no son líderes o políticos, sino categorías sociales: el campesinado, la burguesía, la aristocracia... ellos mueven la acción.

Esa teoría encierra una autojustificación moral. Entender así el mundo es una manera de eludir la responsabilidad propia. Si la Historia es producto de leyes, el senderista no ha matado a treinta personas. Lo ha hecho la sociedad. O el pueblo. A los lectores comunistas, una historia de «individuos» les parecía burguesa, o revisionista, porque señalaba con nombres y apellidos a los actores del relato. Pero eso es precisamente lo que debe hacer un periodista.

Por suerte para mí, tanto dentro como fuera de la cárcel, el concepto de los libros estaba empezando a evolucionar en el Perú. Había aparecido una revista de periodismo literario, Etiqueta Negra, cuya escuela enseñaba a pontificar menos y contar más. Para el periodismo, los hechos dependen de los personajes. El mundo solo se puede conocer a través de los individuos que actúan en él. El periodista no ilustra sus propias ideas, sino escucha las ajenas.

Etiqueta Negra sembró en los autores de mi generación el interés por la realidad como material narrativo. Bajo su inspiración, la historia del Perú, que había vivido encerrada en el corsé de las categorías sociológicas, ha ido cobrando vida humana en los trabajos de cronistas como Daniel Titinger, Marco Avilés o José Carlos Yrigoyen.

Casi sin querer, como un efecto secundario o un daño colateral, ese cambio de perspectiva contribuyó a derribar el viejo tabú alrededor de la guerra interna. Hoy, a diferencia del año 2006, las historias de los participantes circulan por todas partes. El propio Abimael Guzmán, con la ayuda de Elena Yparraguirre —quien hoy escribe su apellido con Y—, ha editado unas memorias que fueron censuradas en las librerías, pero que se encuentran fácilmente en Internet. Yparraguirre, además, ha sostenido años de conversaciones con el historiador Antonio Zapata, quien prepara un libro sobre ella. Por si fuera poco, el cine documental ha retratado a personajes senderistas en Lágrimas de Wayronco (2007), Luz de Libertad (2010) o, incluso, aunque más o menos clandestinamente, ha producido propaganda, como la película Héroes de hoy, pregoneros del mañana (2016).

El tiempo y la distancia también han traído a unos narradores nuevos e inesperados: los hijos. Renato Cisneros, vástago del general que desató la represión militar sobre Ayacucho, ha contado la historia de su padre en una memoria salpicada de ficción: La distancia que nos separa se convirtió en un best seller y se ha publicado en muchos países. Más complejo de leer —porque es mucho más difícil de escribir—, resulta esa mezcla de reflexión, crónica y memoria llamada Los rendidos de José Carlos Agüero. Agüero es hijo de senderistas y el solo hecho de afirmarlo en público ya implica un gran valor. Lo más interesante es que ambos autores, de orígenes opuestos, se niegan a ser complacientes con sus familiares. Cisneros y Agüero no soslayan lo que hicieron sus padres. Solo buscan una manera de comprenderlos para poder seguir viviendo consigo mismos.

Los descendientes y sobrinos de los subversivos que se exiliaron en Europa también han creado un género cinematográfico: Alias Alejandro (2005), Sibila (2012) y Tempestad en los Andes (2014) son historias reales de jóvenes extranjeros que buscan a sus parientes presos o muertos, y a través de ellos, descubren la historia de la guerra interna peruana.

Por último, claro, está el museo, en el que mi propio niño, a pesar de su aburrimiento, ha empezado a hablar de «esa guerra que había cuando papá era chico».

Para eso sirven las historias.

Para que tus hijos sepan de dónde vienen.

La sospecha perpetua

Aunque importante, el ámbito de las instituciones y la cultura es solo una parte muy pequeña de un país. Representa una élite abierta y curiosa, pero generalmente, reducida y endogámica. A pie de calle, en el mundo real, la memoria de la violencia sigue llena de rabia.

25 años después de la caída de Guzmán, ya solo quedan en prisión los máximos dirigentes, como él mismo. Incluso su anfitriona en la casa

de Surco donde fue capturado, Maritza Garrido Lecca, sale libre este año. Pero tras la condena penitenciaria, les queda la social. Los senderistas regresan a un país que no perdona su violencia. Los expresidiarios son sospechosos de por vida. Les resulta difícil conseguir trabajo. A veces, sus propias familias los repudian. Muchos forman cooperativas entre ellos, de transportes, de artesanías, de cultivo. Los que pueden, abandonan el país.

A una de mis visitas a la cárcel de Castro Castro, me llevó uno de esos antiguos subversivos, que ahora tiene un taxi. Me dejó en la puerta y prometió recogerme a mi salida, a las dos de la tarde. Le rogué puntualidad, porque tenía un compromiso familiar. Me juró que ahí estaría. Pero a la hora convenida, no apareció.

Después de esperarlo una hora, tuve que caminar los kilómetros que separan la cárcel del paradero y finalmente tomar una combi. Durante el recorrido, maldije mentalmente a mi conductor cada segundo.

El taxista llamó por teléfono al día siguiente para disculparse.

—¡Estaba ahí desde la una con el carro! —se explicó— Llegué puntual. Pero la noche anterior se había descubierto un intento de fuga en uno de los pabellones. Justo ayer a mediodía, iban a ir los fiscales. Mientras te esperaba, un guardia del penal me reconoció, porque yo había cumplido condena ahí mismo, y me sugirió: «hermano, si fuera tú, yo no estaría aquí en la puerta, a bordo de un carro con el motor prendido, cuando vengan a investigar la fuga». Me tuve que ir.

La sospecha perpetua es incómoda para él, pero para los políticos, puede resultar muy rentable. El fantasma de Sendero Luminoso, agitado en la coyuntura adecuada, ayuda a aumentar el presupuesto de las Fuerzas Armadas. O a aumentar la popularidad de un funcionario. En diciembre de 2014, el ministro del interior Daniel Urresti irrumpió en una exposición de pinturas de presos senderistas. Frente a las cámaras de televisión, se enfrentó a gritos contra el abogado de Abimael Guzmán, Manuel Fajardo, un personaje de este libro. La discusión estuvo a punto de llegar a las manos. Enardecido, el ministro declaró ante los periodistas:

—Esto va a ser histórico. Cuando estos señores revivan el partido de Sendero Luminoso y comience la destrucción, que quede esto como un día histórico: en el que el ministro del Interior advirtió que esto era el principio de Sendero Luminoso.

En las siguientes elecciones, Urresti fue el candidato del partido de gobierno.

El autor de Los rendidos, José Carlos Agüero, me explica que también existe una memoria muy diferente de la violencia que circula subterráneamente, fuera del radar del Perú oficial. En la sierra peruana y el este limeño, habitados por desplazados de los años ochenta y noventa, con frecuencia la guerra forma parte de la familia. Miles de padres y abuelos pelearon en las filas de Sendero, y han transmitido su historia a sus descendientes:

—Muchos jóvenes en esas zonas consideran que la lucha por la igualdad era justa —dice Agüero—, pero que Abimael Guzmán se volvió muy violento y lo arruinó todo. La memoria de estas personas personaliza el fracaso de Sendero en la dirección central, pero salva a sus propios parientes de la responsabilidad.

Estas versiones nunca aparecerán en televisión. A nivel mediático, la guerra es un tema demasiado sensible. De hecho, la opinión pública peruana debate permanentemente qué grado de libertad de expresión se debe permitir a los vencidos.

En setiembre de 2016, saltó a la prensa la existencia de un mausoleo senderista en un cementerio de Comas. Yacen en él sesenta muertos, sobre todo caídos en matanzas carcelarias, a los que familiares y simpatizantes rinden homenaje en ceremonias con estrellas rojas, pancartas y antorchas. Se dice que Guzmán e Yparraguirre tienen reservados sepulcros ahí.

La noticia causó impacto. Una parte muy importante de la opinión pública quisiera destruir cualquier vestigio de organización senderista y barrer a sus descendientes. Pero incluso los más furiosos debieron admitir al final que, sencillamente, es ilegal prohibir a la gente enterrar a sus muertos o recordarlos. Tampoco parece razonable que un Estado robe cadáveres para desaparecerlos. Poco a poco, y con frecuentes contramarchas, el Perú va asimilando que respetar la ley es mejor que continuar para siempre una guerra, sobre todo una guerra que ya se ha ganado.

Ahora bien ¿Se ha ganado del todo?

Microguerras

En su página web, el Movimiento por Amnistía y Derechos Fundamentales (MOVADEF) se define como «un grupo de dirigentes de organizaciones populares, intelectuales y artistas del pueblo, así como abogados defensores de presos políticos y perseguidos sociales guiados por servir al pueblo de todo corazón y con desinterés absoluto». Su portavoz es el ya mencionado Manuel Fajardo.

MOVADEF evita caer en la apología directa del terrorismo, pero su lenguaje, sus miembros y su demanda de amnistía son tan cercanos a Sendero Luminoso que ponen los pelos de punta a buena parte del país. Con diversas estratagemas legales, el Estado les ha negado la participación en elecciones. Por eso ahora, según el Ministerio del Interior, MOVADEF está infiltrando la protesta social.

En enero de este año, cientos de pobladores del barrio de Puente Piedra se manifestaron contra la instalación de un peaje en la Panamericana Norte. Durante las marchas, uno de ellos arrojó una bomba molotov contra la Policía, que reaccionó lanzando gases lacrimógenos. El enfrentamiento se saldó con 60 detenidos.

Dos días después, me encuentro para conversar con un comandante de policía y le pregunto si hay evidencias de la relación entre los manifestantes de Puente Piedra y el grupo de Fajardo.

—Esa gente estaba muy bien organizada -me responde-. Sabían hacer molotovs, pero sobre todo sabían moverse: atacar, replegarse, cortar el paso a la Policía, regresar por otro lado... Todo eso no se hace por intuición. Es la escuela de Sendero.

Como cabe esperar, cuando hablo con fuentes cercanas a MOVADEF, ellos lo explican todo justo al revés:

—La Policía quiere criminalizar cualquier protesta social para legitimar la represión. Y de paso, para aumentar su presupuesto. Cada vez que alguien protesta, lo llaman «senderista». Así todo el mundo se asusta y les dejan cometer los excesos que quieran. Hasta les pagan por ellos.

La verdad debe estar en algún lugar entre ambas versiones. Todavía hay senderistas luchando por cada centímetro de organización social y capitalizando el descontento. Como también hay activistas fuera de Sendero que saben armar una molotov.

Donde sí está claro que hay combatientes armados tomando abiertamente el nombre de Sendero Luminoso es el valle entre los ríos Apurímac, Ene y Mantaro (VRAEM), un área de difícil geografía entre Ayacucho y Cusco con baja presencia del Estado, alta desnutrición infantil, donde la única actividad económica viable es el cultivo de coca.

La gente con que hablo distingue tres grupos de combatientes en esa zona. Unos seguirán con la lucha armada hasta la muerte. Ya es demasiado tarde para que cambien. Otros llevan más de veinte años defendiendo lo que llaman «solución política», desde el momento mismo en que Guzmán pidió el acuerdo de paz, pero saben que, si dejan las armas, serán arrestados de inmediato. Por eso, argumentan que no están luchando: se están defendiendo. Por último, algunos se hacen llamar guerrilleros, pero solo son guardaespaldas de narcos.

Mi informante de la Policía ha piloteado helicópteros en esa zona. Y admite que aún hay muchos poblados controlados por «el Partido»:

—Yo a veces volaba por ahí y veía abajo las fosas de maceración, donde los campesinos preparaban el insumo para la cocaína. De las fosas salían banderas rojas. Y los niños del pueblo, al verme, me mostraban el dedo medio.

Le pregunto por qué no los arrestaban. O les disparaban. Él me explica que esa ya no es la estrategia:

-Si actuamos con fuerza, solo conseguiremos que los pobladores nos detesten más. Lo que tenemos que hacer es servirles. Convencerlos de que el Estado no los ignora, porque ahí no hay carreteras, no hay hospitales, no hay colegios... Si alguien está enfermo, por ejemplo, lo llevamos en helicóptero al hospital. No nos adoran por eso, pero al menos aceptan que el Estado no es un ogro. Es la solución menos mala.

Las palabras del piloto suenan totalmente diferentes a las de las Fuerzas Armadas a comienzos de los ochenta, cuando la doctrina dominante rezaba que, si había un sospechoso en un pueblo, se debía asesinar a todo el pueblo. Sin duda, es un cambio importante.

El escritor José Carlos Agüero considera que yo soy «demasiado positivo». Desde su punto de vista, el Estado se limita a aplicar paños húmedos para negar que vivimos una situación de posguerra.

En mi opinión, el Estado peruano, con todos sus errores, sus desastres y sus injusticias, ha aprendido mucho en estas décadas. Las instituciones han tratado de resarcir el dolor causado. Quizá podrían haberlo hecho mejor. Quizá no están presos todos los que deberían. Sin duda, políticos y militares podrían dejar de aprovechar el pánico para sus ambiciones personales.

Por el contrario, cuando hablo con fuentes de Sendero Luminoso, o leo los documentos del MOVADEF, la única palabra que no encuentro es «perdón». Ni un gesto hacia las víctimas de Sendero, que no solo fueron militares o políticos sino también campesinos, dirigentes sindicales, trabajadores. Ni un reconocimiento de los inocentes que mataron. Ninguna consciencia del sufrimiento que produjeron. Solo más retórica de guerra. Más beligerancia.

Sin un gramo de empatía por el dolor causado, además de la batalla de los fusiles, Sendero Luminoso perderá la de la memoria.

Cronología

1934-2006

1934

3 de diciembre
Nace Abimael Guzmán en Mollendo, Arequipa.

1942

Berenice Reinoso abandona a su hijo Abimael, que tiene que irse a vivir a El Callao con un tío suyo.

1945

Diciembre
Abimael Guzmán regresa a vivir a Arequipa con su padre.

9 de septiembre
Kim Il Sung funda Corea del Norte (República Popular Democrática de Corea).

1949

1 de octubre
Mao Zedong proclama la República Popular China.

1950

Junio
Se produce un motín en el colegio de la Independencia de Arequipa y Abimael Guzmán contempla por primera vez la violencia.

1953

5 de marzo
Muerte de Stalin, Jruschov le sucede.

Abimael Guzmán ingresa en la Universidad de San Agustín de Arequipa.

1954

7 de mayo
Vietnam vence a Francia en la batalla de Dien Bien Phu.

1956

Se produce la segunda revuelta en Arequipa.

1959

1 de enero
Fidel Castro toma el poder en Cuba.

3 de julio
Se reabre la Universidad de San Cristóbal de Huamanga después de casi un siglo.

1962

Abimael Guzmán es nombrado profesor en la Universidad de San Cristóbal de Huamanga.

1964

Abimael Guzmán se casa con Augusta La Torre.
La facción Bandera Roja se separa del Partido Comunista Peruano. Abimael es nombrado secretario de organización.

1965

Abimael Guzmán estudia en la Escuela Político-Militar de Nanjing.

1967

Nueva estancia de Abimael Guzmán en la Escuela Político-Militar de Nanjing.

9 de octubre
Muerte del Che Guevara en Bolivia.

1968

Mayo
Las revueltas estudiantiles en París se convierten en símbolo de un año lleno de levantamientos (Praga, Tokio, México DF).

3 de octubre
El general Juan Velasco Alvarado impone un gobierno militar de tendencia izquierdista en el Perú.

1970

Segundo arresto de Abimael Guzmán por el que pasa cuatro meses en prisión.
La facción liderada por Abimael Guzmán se separa de Bandera Roja.
Primer arresto de Abimael Guzmán.

24 de octubre
El socialista Salvador Allende se convierte en presidente de Chile.

1973

27 de enero
Estados Unidos se compromete a retirar sus tropas de Vietnam en sesenta días tras la firma de los acuerdos de paz de París.

11 de septiembre
Un golpe militar liderado por el general Augusto Pinochet derroca el gobierno de Salvador Allende en Chile.

17 de abril
Pol Pot toma el poder en Camboya.

30 de abril
Estados Unidos retira sus últimas tropas de Vietnam tras la caída de Saigón.

29 de agosto
El general Morales Bermúdez depone al gobierno de Juan Velasco Alvarado.

1977

22 de julio
Deng Xiaoping vuelve a ser Vicepresidente del Comité Central del Partido Comunista Chino y Jefe del Comando General del Ejército.

1978

Asamblea constituyente en Perú.

1979

7 de enero
Tercer y último arresto de Abimael Guzmán antes de la lucha armada.

11 de enero
Abimael Guzmán pasa a la clandestinidad nada más salir de la cárcel.

Inicio de la violencia armada

17 de mayo de 1980-29 de diciembre de 1982
Se inicia el 17 de mayo de 1980 con las primeras acciones armadas del Partido Comunista del Perú-Sendero Luminoso y concluye el 29 de diciembre de 1982 con el ingreso de las Fuerzas Armadas a la lucha antisubversiva.

1980

17 de mayo
Integrantes de Sendero Luminoso queman once ánforas electorales en la localidad de Chuschi, Ayacucho.

13 de junio
Manifestantes provocan un incendio en la municipalidad de San Martín de Porres, Lima, dejando volantes que saludan el inicio de la «lucha armada».

28 de julio
Fernando Belaúnde asume la Presidencia de la República por segunda vez.

26 de diciembre
En las calles del centro de Lima, aparecen perros muertos colgados de los postes de alumbrado público, con el cartel: «Deng Xiaoping, hijo de perra».

1981

Febrero
Conflicto con Ecuador. El Ejército del Perú desaloja a las tropas ecuatorianas que habían creado un puesto de vigilancia ficticio, «Falso Paquisha», en nuestro territorio.

10 de marzo
El gobierno promulga el D.L. 046 que tipifica el delito de terrorismo.

Mayo
Llegada de los «sinchis» (Guardia Civil) y los «llapan atic» (Guardia Republicana) a la ciudad de Ayacucho para combatir a Sendero Luminoso.

Agosto
En Lima, cuatro personas irrumpen en los estudios de Radio La Crónica y obligan al operador a difundir una proclama llamando al pueblo a «la lucha armada».

1 de octubre
Senderistas atacan el puesto policial de Tambo, Ayacucho.

El gobierno decreta en «estado de emergencia» a cinco de las siete provincias de Ayacucho (Huamanga, Huanta, Cangallo, La Mar y Víctor Fajardo) y suspende por sesenta días las garantías constitucionales relativas a la libertad y seguridad individuales.

1982

Febrero
El presidente Fernando Belaúnde se declara partidario de la pena de muerte para enfrentar la «delincuencia terrorista». Se genera un serio debate en la opinión pública.

2 de marzo
Senderistas asaltan la cárcel de Huamanga, Ayacucho. Con ellos se fugan 254 presos entre los cuales figura Edith Lagos.

Julio
Izquierda Unida critica severamente el accionar de Sendero Luminoso después de que este atacara la embajada de Estados Unidos en Lima y varias municipalidades en Ayacucho.

3 de agosto
Senderistas asaltan el fundo experimental Allpachaca, propiedad de la Universidad Nacional de San Cristóbal de Huamanga, UNSCH, en Ayacucho. Queman el local, destruyen los depósitos y matan reses.

22 de agosto
Sendero Luminoso ataca un puesto de la Guardia Civil en Vilcashuamán, Ayacucho. Mueren siete policías.

Agosto
Se declara el «estado de emergencia» en todo el país.

2 de septiembre
Muere la senderista Edith Lagos en Umacca, Apurímac, en un enfrentamiento con efectivos de la Guardia Republicana.

11 de diciembre
En Ayacucho, atentan contra el alcalde de Huamanga, Jorge Jáuregui, dejándolo gravemente herido.

29 de diciembre
Ante la ola creciente de atentados, las Fuerzas Armadas asumen el control interno del departamento de Ayacucho.

La militarización del conflicto

29 de diciembre de 1982-19 de junio de 1986

Se inicia con las primeras acciones antisubversivas bajo la conducción de las Fuerzas Armadas y concluye con la matanza de los penales producida el 18 y 19 de junio de 1986.

1983

26 de enero
Ocho periodistas son asesinados en la comunidad campesina de Uchuraccay, Ayacucho. Los sucesos reciben una gran cobertura mediática.

3 de abril
Integrantes de Sendero Luminoso irrumpen en la comunidad de Lucanamarca, Ayacucho, y dan muerte a 69 comuneros.

15 de mayo
Patrulla militar ejecuta extrajudicialmente a campesinos en Chuschi, Ayacucho.

11 de julio
Atentado terrorista al local central de Acción Popular, en Lima. Fallecen dos militantes del partido.

28 de julio
En su mensaje al Congreso, el presidente Fernando Belaúnde demanda el restablecimiento de la pena de muerte. El mismo día el Consejo de Ministros prorroga el «estado de emergencia» en todo el territorio nacional por sesenta días.

13 de noviembre
Efectivos de la Guardia Civil a cargo del puesto policial de Socos, Ayacucho, matan a 32 campesinos que participaban en una fiesta comunal.

Diciembre
Captura de Antonio Díaz Martínez, dirigente de Sendero Luminoso, en Huaraz, Ancash.

1984

22 de enero
Primera acción del Movimiento Revolucionario Túpac Amaru, MRTA. El grupo armado dispara contra una comisaría de Villa El Salvador, Lima.

1 de julio
Se hace público por primera vez el nombre del MRTA. Tres banderas con emblemas del movimiento aparecen en zonas céntricas de Lima.

27 de julio
Por una supuesta requisitoria de terrorismo en Lucanas, Ayacucho, efectivos de la Guardia Civil detienen a Jesús Oropesa. Unos días después es encontrado muerto.

2 de agosto
Desaparece el periodista de *La República* Jaime Ayala tras ingresar al cuartel de Infantería de Marina ubicado en el Estadio Municipal de Huanta, Ayacucho.

22 de agosto
Se descubren cuatro fosas clandestinas en Pucayacu. En ellas se hallan los cadáveres de 50 personas que habían estado detenidas en el cuartel de la Infantería de Marina de Huanta, Ayacucho.

1985

20 de marzo
Miembros del MRTA incendian un local de Kentucky Fried Chicken, en Lima.

24 de abril
Sendero Luminoso ataca a Domingo García Rada, presidente del Jurado Nacional de Elecciones, en Lima. El funcionario público queda gravemente herido.

Junio
El MRTA interfiere la señal de un canal de televisión en Lima y difunde un mensaje exigiendo nuevas medidas económicas y una amnistía general.

1 de julio
El MRTA hace estallar un coche bomba en la puerta del Ministerio del Interior, Lima.

28 de julio
Alan García asume la Presidencia de la República y anuncia modificaciones en la política antisubversiva.

14 de agosto
Matanza de Accomarca, Ayacucho. Sesenta y dos campesinos son ejecutados extrajudicialmente por una patrulla del Ejército comandada por el subteniente EP Telmo Hurtado Hurtado.

16 de agosto
El MRTA anuncia una tregua de un año en sus acciones militares para el gobierno de Alan García.

27 de agosto
Efectivos del Ejército ejecutan a grupos de campesinos en las localidades de Umaro y Bellavista, Ayacucho. Se calcula que en total fallecieron 59 personas.

Septiembre
En comunicado oficial, el general FAP Luis Abram Cavallerino, presidente del Comando Conjunto de las Fuerzas Armadas, sindica al subteniente EP Telmo Hurtado como responsable de la matanza de Accomarca.

1986

2 de febrero
Secuestro y desaparición en Lima del capitán de corbeta AP Álvaro Artaza, *Comandante Camión*, responsable de la zona de emergencia de Huanta, Ayacucho, en 1984. Iba a ser juzgado por su responsabilidad en la desaparición del periodista JaimeAyala.

5 de mayo
Comando senderista asesina, en Lima, al contraalmirante AP Carlos Ponce Canessa, miembro del Estado Mayor de la Marina de Guerra. Este hecho se produce como parte de una campaña contra miembros de dicho instituto armado.

18 y 19 de junio
Matanza de los penales. El día 18 se amotinan los detenidos por terrorismo en tres centros penitenciarios de Lima y Callao —Lurigancho, El Frontón y Santa Bárbara—. El gobierno ordena la intervención del Comando Conjunto de las Fuerzas Armadas para restablecer la autoridad. Al día siguiente se confirma la muerte de centenares de presos en Lurigancho y El Frontón, mientras que en Santa Bárbara mueren dos detenidas.

DESPLIEGUE NACIONAL DE LA VIOLENCIA

19 de junio de 1986 - 27 de marzo de 1989
Comprende desde la matanza de los penales hasta el ataque de Sendero Luminoso al puesto policial de Uchiza, en marzo de 1989.

17 de septiembre
Matanza de Ayaorcco. Una patrulla de policías que persigue una columna senderista ingresa a la comunidad de Ayaorcco, Apurímac, y ejecuta a 13 personas acusándolas de apoyar a los subversivos,

14 de octubre
Atentado senderista en Lima contra el vicealmirante AP (r) Gerónimo Cafferata Marazzi, ex comandante general de la Marina y presidente del Banco Industrial. El 18 de octubre fue llevado a Estados Unidos, donde falleció.

9 de diciembre
La organización MIR (Voz Rebelde) se integra al MRTA.

1987

30 de enero
Senderistas asesinan, en Lima, a César López Silva, miembro del Comité Ejecutivo Nacional del Partido Aprista y ex presidente de la Federación Médica del Perú.

13 de febrero
La policía interviene la Universidad Nacional Mayor de San Marcos, la Universidad Nacional de Ingeniería y la Universidad Nacional Enrique Guzmán y Valle «La Cantuta», en Lima, y detiene a gran cantidad de estudiantes.

19 de marzo
Se promulga la ley N° 24.651 que deroga el D.L. 046 y aumenta las penas por delitos de terrorismo.

4 de mayo
Varias torres del sistema interconectado del Mantaro son derribadas. Como consecuencia de este hecho, nueve departamentos del país quedan en la oscuridad. En Lima, al tiempo de iniciarse el «apagón», se producen por lo menos quince detonaciones a agencias bancarias.

17 de agosto
Es capturado en Lima Alberto Gálvez Olaechea, dirigente del MRTA.

29 de agosto
Asesinan al dirigente aprista Rodrigo Franco, en Lima. Senderistas ingresan a su domicilio en Ñaña y le quitan la vida delante de su familia.

6-9 de noviembre
Una columna de guerrilleros del MRTA toma Juanjuí y otras poblaciones del departamento de San Martín. Aparece a la luz pública el comandante Rolando, jefe del MRTA, quien luego sería identificado como Víctor Polay Campos.

Noviembre
Ante las acciones armadas del MRTA en la selva nororiental del país, el gobierno entrega a las Fuerzas Armadas el control político militar de todo el departamento de San Martín.

1988

Febrero-marzo
Primera sesión del I Congreso de Sendero Luminoso, en Lima.

1 de mayo
Elementos vinculados a Sendero Luminoso realizan una marcha por el centro de Lima que termina en atentados contra algunas entidades bancarias.

14 de mayo
Matanza de Cayara, Ayacucho. En represalia a la emboscada de Erusco, en la que senderistas atacaron a efectivos militares y les causaron varias bajas, patrullas del Ejército incursionan en Cayara y ejecutan a 35 campesinos.

Posteriormente varios testigos de la matanza serían ejecutados.

11 de junio
En el centro de Lima, capturan a Osmán Morote Barrionuevo, dirigente de Sendero Luminoso.

Julio-agosto
Segunda sesión del I Congreso de Sendero Luminoso, en Lima.

24 de julio
El Diario publica una extensa entrevista a Abimael Guzmán en un suplemento denominado la «Entrevista del Siglo».

28 de julio
Asesinan a Manuel Febres. El abogado del líder senderista Osmán Morote es secuestrado en Miraflores y ejecutado en el túnel de La Herradura, Chorrillos, Lima. El acto fue reivindicado por el llamado «Comando Rodrigo Franco».

24 de noviembre
Asesinan a Hugo Bustíos, periodista de *Caretas*, cuando iba a cubrir información en Cangallo, Ayacucho. Los testigos afirman que los victimarios eran miembros del ejército.

6 de diciembre
Comando senderista asesina en La Paz, Bolivia, al capitán de navío AP Juan Vega Llona, destacado en la zona de emergencia de Ayacucho en 1984 y protagonista de los sucesos de El Frontón en 1986.

1 de diciembre
El presidente Alan García promulga la ley N° 24.953 que establece drásticas sanciones para quienes participan en actos terroristas.

1989

3 de febrero
Víctor Polay Campos, máximo dirigente del MRTA, es capturado en el Hotel de Turistas de Huancayo, Junín.

13 de febrero
Asesinan en Lima a Saúl Cantoral, presidente de la Federación Nacional de Trabajadores Mineros, Metalúrgicos y Siderúrgicos. Se presume que los responsables estaban vinculados con las fuerzas del orden.

13 de marzo
Una columna del MRTA toma la ciudad de Pichanaki, Junín.

27 de marzo
Ataque senderista al puesto policial de Uchiza, San Martín, destruido con el apoyo de narcotraficantes de la zona. Policías sitiados no reciben refuerzos y son paulatinamente asesinados.

Crisis extrema: ofensiva subversiva y contraofensiva estatal

27 de marzo de 1989-12 de septiembre de 1992
Se inicia en marzo de 1989 con la agudización de las acciones armadas y una redefinición de las estrategias militares de los principales actores del conflicto. Concluye con la captura de Abimael Guzmán y de altos dirigentes de Sendero Luminoso.

27 de febrero
Asesinan a 37 pobladores de la comunidad de Canayre, Ayacucho. Sendero Luminoso es responsable del acto.

16 de abril
Miguel Rincón Rincón, dirigente del MRTA, es capturado en el centro de Lima y recluido en el penal Castro Castro.

28 de abril
Una columna del MRTA que se trasladaba a Tarma con la finalidad de tomar dicha ciudad es emboscada por miembros del ejército en la zona de Molinos, Junín.

2 de mayo
El general EP Alberto Arciniega es designado jefe del Comando Político-Militar del Huallaga.

31 de mayo
Asesinan a la ecóloga y periodista Bárbara D'Achille, en Huancavelica. Los victimarios, una columna de Sendero Luminoso, asesinan también al director del proyecto de camélidos de Corde-Huancavelica, Esteban Bohórquez.

16 de junio
Cerca de mil soldados del ejército incursionan en el asentamiento humano Huaycán, Lima, y detienen a centenares de indocumentados y sospechosos de cometer actos terroristas.

Junio
En Huancayo, más de trescientos alumnos, treinta profesores y varios empleados son detenidos en una incursión del ejército a la Universidad Nacional del Centro.

19 de septiembre
Dos senderistas asesinan al alcalde de Huamanga, Fermín Azparrent, en Ayacucho.

4 de octubre
En Lima, el MRTA secuestra a Héctor Delgado Parker, presidente del directorio de Panamericana Televisión y ex asesor del presidente Alan García.

1 de noviembre
Tiroteo entre miembros de Sendero Luminoso y fuerzas policiales en las inmediaciones de la plaza Manco Cápac, Lima.

3 de noviembre
Se realiza con éxito la Marcha por la Paz, que cuenta con la presencia de candidatos municipales de distintas fuerzas políticas. Al mismo tiempo fracasa, el «paro armado» en Lima.

3 de diciembre
El MRTA ajusticia al líder ashaninka Alejandro Calderón en Chanchamayo, Junín. Su muerte genera el rechazo de la comunidad ashaninka y obliga al MRTA a abandonar la zona.

8 de diciembre
El presidente Alan García entrega, en Ayacucho, el primer cargamento de armas a los comuneros organizados en los Comités de Autodefensa.

1990

9 de enero
Asesinan al general EP Enrique López Albújar, ex ministro de Defensa, como represalia por la matanza de Molinos. El militar fue acribillado por emerretistas, en Lima, cuando se encontraba en su automóvil.

27 de febrero
Desaparición de Ángel Escobar Jurado en el centro de Huancavelica. El dirigente de la Federación de Comunidades Campesinas y vicepresidente de la Comisión de Derechos Humanos de Huancavelica fue introducido en una camioneta por miembros de las fuerzas del orden.

Marzo
Más de 50 nativos ashaninkas son asesinados por Sendero Luminoso cerca de San Martín de Pangoa, Junín.

Se forma el Grupo Especial de Inteligencia, GEIN, en el interior de la Dirección Nacional Contra el Terrorismo, DINCOTE, con el objetivo explícito de capturar a la dirigencia de Sendero Luminoso.
17 de abril
El ex presidente del Instituto Peruano de Seguridad Social, Felipe Santiago Salaverry, es asesinado por senderistas en Lima.

Abril
Ejecuciones extrajudiciales en Chumbivilcas y San Pedro de Cachi, Cusco, realizadas por patrullas militares de la base de Antabamba, Apurímac.

1 de junio
En Monterrico, Lima, se lleva a cabo la primera gran intervención de la DINCOTE. Se incauta abundante material senderista que facilitará posteriores capturas.

9 de julio
A través de un túnel, 47 presos del MRTA, entre ellos Víctor Polay Campos, Miguel Rincón Rincón y Alberto Gálvez Olaechea, se fugan del penal Castro Castro, Lima.

28 de julio
Alberto Fujimori asume la Presidencia de la República.

Agosto
Se declaran en «estado de emergencia», por el término de treinta días, las provincias de Arequipa, Cusco, Puno, Piura, Trujillo, Chiclayo, Maynas, Huaraz, Santa, Lima y Callao. Quedan suspendidas las garantías individuales.

22 de septiembre
Senderistas asesinan en Lima al ex ministro de Trabajo del gobierno aprista y ex rector de la Universidad Federico Villarreal, Orestes Rodríguez.

21 de octubre
Desaparece, en Lima, el estudiante de la Universidad Católica, Ernesto Castillo Páez. Había sido detenido por efectivos policiales en Villa El Salvador.
23 de diciembre
El gobierno expide el Decreto Supremo 171-90-PCM que precisa que las acciones de los miembros de las Fuerzas Armadas y las Fuerzas Policiales en las zonas declaradas en «estado de excepción» están comprendidas en el fuero militar.

1991

31 de enero
El GEIN obtiene el «archivo general» de Sendero Luminoso tras intervenir una casa en San Borja, Lima. Se encuentra el famoso video de la cúpula bailando «Zorba, el griego».

11 de marzo
En Lima, un comando del MRTA rescata a Lucero Cumpa mientras es trasladada al Poder Judicial. Murieron tres policías.

Abril
El Ejército entrega un primer lote de armas a las comunidades de la Sierra Central organizadas en rondas campesinas.

13 de mayo
En San Román, Puno, dos senderistas abalean a Porfirio Suni, diputado regional por Puno y director de la Comisión de Derechos Humanos de la Región José Carlos Mariátegui.

31 de mayo
Capturan en Jesús María, Lima, a Alberto Gálvez Olaechea, líder del MRTA, y a Rosa Luz Padilla, también miembro de ese grupo armado.

Agosto
Asesinato de los sacerdotes polacos Zbigniew Strzalowski y Michael Tomaszek (*9 de agosto*) y del sacerdote Alessandro Dordo Negroni (*25 de agosto*), en El Santa, Ancash. Se atribuyó la responsabilidad a Sendero Luminoso, pero este la negó.

3 de noviembre
Matanza de Barrios Altos. Integrantes del denominado Grupo Colina, que surgió durante el gobierno de Alberto Fujimori, irrumpen en una celebración en Barrios Altos, Lima, y matan a quince personas que consideraban senderistas, dejando a cuatro gravemente heridas.

Noviembre
Se promulgan 79 decretos legislativos cuya mayoría versa sobre seguridad nacional y lucha contrasubversiva.

8 de diciembre
Disolución de la URSS.

21 de diciembre
En Ayacucho, dan muerte a la ex alcaldesa de Huamanga, Leonor Zamora. Se presume que los victimarios estaban relacionados con las fuerzas del orden.

1992

25 de enero
El ex dirigente de Patria Libre, vinculado al MRTA, Andrés Sosa, es asesinado por un comando del MRTA cuando se aprestaba a subir a un vehículo público en Villa El Salvador, Lima.

15 de febrero
Asesinan, en Lima, a la dirigente de la Federación Popular de Mujeres de Villa El Salvador y teniente alcaldesa del distrito, María Elena Moyano.

5 de abril
Autogolpe de Alberto Fujimori. Se anuncia la disolución del Parlamento Nacional y la reorganización total del Poder Judicial, el Consejo Nacional de la Magistratura, el Tribunal de Garantías Constitucionales y el Ministerio Público.

14 de abril
Péter Cárdenas Schulte, líder del MRTA, es capturado en Lima y condenado a cadena perpetua.

2 de mayo
El Grupo Colina incursiona en los asentamientos humanos La Huaca, San Carlos y Javier Heraud, en El Santa, Ancash. Detiene y ejecuta a nueve campesinos vinculados a gremios y sindicatos.

5 de mayo
Se oficializa la «cadena perpetua» para los cabecillas del terrorismo e integrantes de los grupos de aniquilamiento mediante Decreto Ley N° 25.475.

9 de mayo
La policía ingresa al pabellón senderista del penal de Canto Grande con el fin de trasladar a las presas a la cárcel de Chorrillos, en Lima. Según informes del Ministerio del Interior, murieron 35 reclusos, entre ellos Hugo Deodato Juárez Cruzatt, Yovanka Pardavé Trujillo, Elvia Sanabria Pacheco y Tito Valle Travesaño.

12 de mayo
El gobierno publica el Decreto Ley N° 25.499: Ley de Arrepentimiento.

5 de junio
Un «camión bomba» explota frente al local de Frecuencia Latina, en Lima, destruye sus instalaciones y mata a tres trabajadores.

9 de junio
Es recapturado el dirigente máximo del MRTA Víctor Polay Campos en un café de San Borja, Lima. Será procesado y condenado a cadena perpetua.

24 de junio
Desaparición de Pedro Yauri Bustamante, periodista crítico del accionar de las autoridades militares, en Huaura, Lima. Se sindica como responsable al Grupo Colina.

6 de julio
Decenas de miembros del MRTA incursionan en la ciudad de Jaén, Cajamarca, y atacan los puestos policiales de Chamaya, Cruce y Bellavista, haciendo huir a los policías. El saldo es de ocho muertos: cinco civiles y tres efectivos de la policía.

16 de julio
Atentado en la calle Tarata de Miraflores, Lima. Un coche bomba hace explosión y mata a veintiséis personas y hiere a ciento cincuenta.

18 de julio
Caso La Cantuta, en Lima. Nueve estudiantes y un profesor de la universidad Enrique Guzmán y Valle son secuestrados y luego asesinados por el llamado Grupo Colina.

Declive de la acción subversiva, autoritarismo y corrupción

12 de septiembre de 1992-30 de noviembre de 2000
Se inicia con el escenario posterior a la captura de Guzmán (nueva legislación antiterrorista, arrepentimiento masivo, acuerdo de paz, entre otros) y se extiende hasta el fin del gobierno deAlberto Fujimori.

1992

12 de septiembre
Captura de Abimael Guzmán Reinoso y de otros integrantes de la cúpula dirigencial de Sendero Luminoso, en Surquillo, Lima, gracias al trabajo del Grupo Especial de Inteligencia, GEIN, de la DINCOTE.

17 de octubre
Capturan, en Lima, a Martha Huatay Ruiz, responsable de Socorro Popular y miembro del Comité de Lima Metropolitana de Sendero Luminoso.

5 de noviembre
En Surquillo, Lima, un grupo de senderistas asesina al coronel PNP Manuel Ortega Tumba, jefe del Departamento Administrativo de la DINCOTE.

13 de noviembre
Aborta el intento golpista de los generales EP Jaime Salinas Sedó, José Pastor Vives y Ernesto Obando, el mayor EP Salvador Carmona, y los comandantes EP en actividad Raúl Montero y Marcos Zárate.

18 de diciembre
Asesinato de Pedro Huilca, secretario general de la Central General de Trabajadores del Perú, CGTP, en Lima, presuntamente por elementos del Grupo Colina.

1993

2 de abril
A raíz de una denuncia presentada por el parlamentario Henry Pease, el Congreso nombra una comisión investigadora para el caso La Cantuta.

Mayo
El general de división EP Rodolfo Robles denuncia la violación de derechos humanos por parte del Servicio de Inteligencia Nacional, SIN, involucrando al general EP Nicolás Hermoza Ríos.

16 de junio
En Lima, un comando de aniquilamiento senderista intenta asesinar sin éxito a Michel Azcueta, quien queda herido.

9 de julio
El empresario Raúl Hiraoka Torres es secuestrado por miembros del MRTA. El día 15 de octubre es liberado después de sufrir cautiverio en una casa en Lima.

18 de agosto
Matanza en el valle de Tsiriari, Junín. Del total de las 65 víctimas de que dan cuenta los medios de comunicación, solo veintiuna son nativos nomatsiguengas; el resto son colonos.

22 de agosto
Edmundo Cox Beuzeville, dirigente de Sendero Luminoso, es capturado en La Molina, Lima.

Septiembre
Alberto Fujimori presenta a la asamblea ordinaria de la Organización de las Naciones Unidas, ONU, una breve carta en la cual Abimael Guzmán le pide iniciar conversaciones para un acuerdo de paz.

1994

Enero
Demetrio Chávez Peñaherrera «Vaticano», uno de los jefes del narcotráfico peruano y sindicado como colaborador de Sendero Luminoso, es capturado en Cali, Colombia.

Febrero
El Fuero Militar sentencia a algunos de los militares implicados en el caso La Cantuta. Santiago Martín Rivas y Carlos Eliseo Pichilingue, entre otros, reciben veinte años de condena.

Junio
Culminación del «Operativo Aries», realizado por el Ejército para eliminar la presencia senderista en la margen izquierda del río Huallaga.

1995

Enero y febrero
Enfrentamientos entre tropas peruanas y ecuatorianas en la zona fronteriza del río Cenepa, cordillera del Cóndor.

23 de marzo
Captura de Margie Clavo, dirigente senderista, en Huancayo, Junín. Clavo no se había sumado al acuerdo de paz propuesto por Guzmán.

9 de abril
Alberto Fujimori es reelegido presidente de la República con el 64 por ciento de los votos.

14 de junio
El Congreso aprueba el proyecto de Ley de Amnistía General N° 26.479 que beneficia a los sentenciados por hechos delictivos durante la lucha contra el terrorismo y el intento de golpe del 13 de noviembre de 1992; incluye también los actos de infidencia y ultraje a la nación y a las Fuerzas Armadas en el conflicto fronterizo. Ese mismo día el presidente Alberto Fujimori refrenda la ley.

13 de julio
El pleno del Congreso aprueba el proyecto de ley orgánica que crea la Defensoría del Pueblo.

30 de noviembre
Miguel Rincón Rincón, dirigente nacional del MRTA, y Lori Berenson son capturados en Lima. Serán sentenciados, el 11 de enero de 1996, a cadena perpetua.

1996

6 de marzo
En Lima, tres senderistas asesinan a Pascuala Rosado, dirigente popular del asentamiento humano Huaycán, Lima.

Agosto
El narcotraficante Demetrio Chávez Peñaherrera revela que operó durante 1991 y 1992 con el apoyo del SIN y, en especial, del asesor presidencial Vladimiro Montesinos. Días después, sorprendentemente, «Vaticano» se retracta.

17 de diciembre
Un comando de catorce miembros del MRTA ingresa por la fuerza a la residencia del embajador japonés Morihisa Aoki, en Lima, y toma de rehenes a más de 500 personas, que fueron liberando gradualmente hasta mantener cautivas a 72 de ellas.

1997

17 de enero
Asesinan en Lima a la agente del Servicio de Inteligencia del Ejército, SIE, Mariella Barreto.

19 de enero
En Lima, la agente del SIE, Leonor La Rosa, es secuestrada y posteriormente torturada por miembros de su misma institución.

22 de abril
En Lima, se produce la intervención militar que libera a los rehenes secuestrados desde el 17 de diciembre por el MRTA. Mueren el vocal de la Corte Suprema, Carlos Giusti, dos oficiales del ejército y los catorce emerretistas que asaltaron la residencia.

1998

14 de enero
El mayor EP, Santiago Martín Rivas, se presenta ante la subcomisión de Derechos Humanos del Congreso y niega la existencia del Grupo Colina.

Octubre
Alberto Fujimori y Jamil Mahuad suscriben el Acta Presidencial de Brasilia en presencia de los primeros mandatarios de Argentina, Bolivia, Brasil, Colombia, Chile y otros.

1999

12 de marzo
El Fiscal de la Nación dispone que la 46 Fiscalía Provisional de Lima investigue al general EP (r) Nicolás Hermoza Ríos por delitos de rebelión, daños al país, violación de la libertad de expresión y abuso de autoridad.

Marzo
La Comisión Interamericana de Derechos Humanos, CIDH, admite nuevos casos que comprometen al Estado peruano (La Cantuta, persecución política a Alan García) junto a otros que están en pleno proceso (Baruch Ivcher y Tribunal Constitucional). El día 31, la comisión denuncia formalmente al estado peruano.

14 de julio
Óscar Ramírez Durand «Feliciano», líder de Sendero Luminoso, es capturado en Cochas, Huancayo.

Julio
El gobierno peruano oficializa su retiro de la competencia contenciosa de la Corte Interamericana de Derechos Humanos. El canciller Fernando de Trazegnies argumenta que la medida obedece a razones de seguridad.

Octubre
El presidente de la Comisión de Derechos Humanos del Congreso recibe a las madres de Víctor Polay y Miguel Rincón, quienes piden la intervención del Parlamento en la huelga de hambre iniciada por los presos del MRTA que exige mejores condiciones carcelarias.

2000

26, 27 y 28 de julio
Marcha de los Cuatro Suyos. El ex candidato presidencial Alejandro Toledo convoca a una movilización de tres días en protesta por la fraudulenta reelección de Alberto Fujimori, quien el día 28 asume por tercera vez la Presidencia de la República.

28 de julio
Bombas incendiarias en el local del Banco de la Nación del centro de Lima provocan la propagación inmediata del fuego que atrapa a quince empleados de seguridad atrincherados en el edificio. Seis de ellos mueren por asfixia y quemaduras graves.

Agosto
El presidente Alberto Fujimori, en compañía del asesor del SIN, Vladimiro Montesinos, anuncia que esta institución ha desbaratado una organización internacional de tráfico de armas que había entregado 10 000 fusiles automáticos AKM a las Fuerzas Armadas Revolucionarias de Colombia, FARC.

14 de septiembre
El Frente Independiente Moralizador presenta un video donde se observa a Alberto Kouri recibiendo 15.000 dólares de manos de Vladimiro Montesinos como parte de su cambio a la bancada oficialista de Perú 2000.

16 de septiembre
El presidente de la República Alberto Fujimori anuncia la inmediata desactivación del SIN y su decisión de convocar a nuevas elecciones en las cuales no participará.

29 de octubre
Ollanta Moisés Humala Tasso, teniente coronel de Artillería EP y comandante del Grupo de Artillería Antiaérea 501, se subleva en la provincia Jorge Basadre, Tacna, junto a su tropa, demandando la renuncia del presidente Fujimori.

Octubre
Vladimiro Montesinos huye del país rumbo a Panamá. El 22 de octubre abandona ese país debido a la dilación del gobierno panameño en concederle asilo.

13 de noviembre
Alberto Fujimori viaja al Asia

19 de noviembre
Alberto Fujimori hace pública su renuncia. El presidente del Consejo de Ministros, Federico Salas Guevara, confirma que el mandatario presentará su dimisión ante el Congreso en las siguientes 48 horas.

22 de noviembre
Valentín Paniagua asume el cargo de presidente de la República.

30 de noviembre
Se crea el proyecto de la Comisión de la Verdad, encargada de investigar el conflicto armado interno en el país desde 1980 a 2000.

2001

3 de junio
Alejandro Toledo es elegido presidente del Perú.

2004

5 de noviembre
Comienzan las sesiones de los nuevos juicios contra Abimael Guzmán. Tras el escándalo de la primera sesión Elena Iparraguirre y Abimael Guzmán son separados.

2006

4 de junio
Alan García es elegido presidente del Perú. Nancy Obregón es elegida congresista.

Bibliografía

Angulo, Toño, *Llámalo amor, si quieres*, Aguilar, Lima, 2004.

Arce Borja, Luis, ed., *Guerra Popular en el Perú* (2 vols.), Luis Arce Borja, Bruselas, 1989 y 1993.

Berlin, Isaiah, *Sobre la libertad*, Alianza Editorial, Madrid, 2004.

Bowen, Sally y Jane Holligan, *El espía imperfecto*, Peisa, Lima, 2003.

Calvo, Hernando y Katlijn Declerq, *Perú: los senderos posibles*, Txalaparta, Tafalla, 1994.

Coleman, Janet, *Against the State*, Penguin-BBC, Londres, 1990. Comisión de la Verdad, *Yuyanapaq*, Fondo editorial de la Pontificia Universidad Católica del Perú, Lima, 2003.

Dargent, Eduardo y Alberto Vergara, *La batalla de los días primeros*, El Virrey, Lima, 2000.

Fest, Joachim, *El hundimiento*, Círculo de Lectores, Barcelona, 2005. Gorriti, Gustavo, *Sendero* (vol. I), Apoyo, Lima, 1990.

Guzmán, Susana, *En mi noche sin fortuna*, Montesinos, Madrid, 1999. Hidalgo, Teodoro, *Sendero Luminoso: subversión y contrasubversión*, Aguilar, Lima, 2004.

Hobsbawm, Eric, *Revolucionarios*, Crítica, Barcelona, 2000.

Iwasaki, Fernando, «Sendero Luminoso, un caso de amaestramiento terrorista», ponencia leída en *Los Virus de la Violencia*, II Jornadas por la Paz, de la Fundación Alberto Jiménez-Becerril contra el Terrorismo, Sevilla, 9 y 10 de noviembre de 2000.

Jiménez, Benedicto, *Inicio, desarrollo y ocaso del terrorismo en el Perú*, Edición independiente, Lima, 2004.

Kirk, Robin, *Grabado en piedra: las mujeres de Sendero Luminoso*, IEP, Lima, 1993.

Malcolm, Janet, *El periodista y el asesino*, Gedisa, 1991 (segunda edición, 2004).

Mao Zedong, *Quotations from chairman Mao*, Foreign Languages Press, Pekín, 2000.

McCormick, Gordon, *Sendero Luminoso y el futuro del Perú*, Informe para el Departamento de Estado, 1990.

Provent, Albert y François de Ravignan, *Revoluciones campesinas*, Ibérica de Ediciones y Publicaciones, Barcelona, 1980.

Roldán, Julio, *Gonzalo, el mito*, Lima, 1990.

Renique, José Luis, *La voluntad encarcelada*, IEP, Lima, 2003.

Shakespeare, Nicholas, «In pursuit of Guzmán», en *Granta 23*, Penguin, Londres, 1988.

Tello, María del Pilar, *Sobre el volcán: Diálogo frente a la subversión*, Centro de Estudios Latinoamericanos, Lima, 1989.

Uceda, Ricardo, *Muerte en el Pentagonito*, Planeta, Bogotá, 2004. Uribe, Gabriel, *La otra versión*, Lluvia, Lima, 2003.

Archivos: Revistas *Caretas*, *Quehacer*, Resumen Semanal DESCO.

Páginas web

Bandera Roja (http://www.bandera-roja.com/)
Comisión de la Verdad (http://www.cverdad.org.pe/)
El Diario Internacional (http://www.eldiariointernacional.com/)
Sol Rojo (http://www.solrojo.org/)